小さな心から抜け出す
お坊さんの1日1分説法

彼岸寺 著

永岡書店

はじめに

あなたは仏教と聞いて、何を思い浮かべますか？　近しい人やご先祖のお墓まいり、お経の声やお線香の匂い。それとも、お坊さんの難しいお話や、子どもの頃にお寺の境内で遊んだ記憶。あるいはなにかもっと漠然とした、神秘的な印象だったりするかもしれません。

こうしてちょっと考えてみるだけでいろんな答えが浮かんでくると思いますが、どれも間違いではありません。ある意味では、それらすべてが仏教だとも言えるでしょう。

その昔、お釈迦さまがいたインドから長い道のりを経て日本へ伝えられた仏教は、歴史が川の流れのように移りゆく中で少しずつそのかたちを変えながら、この風土ならではのユニークな展開を遂げてきました。

仏教にはいくつかの顔がありますが、そのひとつの顔は「厳しい顔」です。仏教は、ブッダの教え。ブッダとは「目覚めた人」という意味です。つまり仏教は、先に目覚めた人の説く教えであり、その道を後から歩む人が目覚めるための教えです。亡くなった人ではなく、今を生きる自分自身、つまり「私」がその目当てです。向こう岸（目覚め）へ渡る方法（宗派）はいろいろあるかもしれませんが、最終的に渡らなければならないのは、この「私」です。誰も他の人に人生を代わってもらうことができないように、歩みを誰かに代わってもらうことはできません。

今、日本社会が大きな変化のときを迎えているように感じます。政治、経済、家族、教育など、あらゆる世界が変動しています。そんなときこそ、不安や焦りにまかせて右往左往するのではなく、まず自らの心を見つめることから始めてみましょう。仏教では、私たちが克服すべき3つの煩悩《ぼんのう》を、貪欲《とんよく》（貪《むさぼ》る心）・瞋恚《しんに》（怒りの心）・愚癡《ぐち》（真理に対する無知の心）であると説きます。もちろん、これらの煩悩をひとつとして滅することなどできないのが私たちの現実の日暮らしですが、それでもやはり日々の心がけからすべてが始まります。

本書はこの3つの煩悩を軸に章立てし、いかにこれらとつき合っていけばよいかをお話ししています。また同じ思いから、次ページのお経を選びました。

彼岸寺《ひがんじ》は、彼《かなた》の岸《きし》に憧れる人が集う場所に、自在に現れます。そこへ集う人が心自由に彼岸へ渡るお手伝いができれば、私たちも嬉しいです。

虚空山　彼岸寺

人々は多いが、彼岸《かなたのきし》に達する人は少い。
他の（多くの）人々はこなたの岸の上でさまよっている。

真理が正しく説かれたときに、真理にしたがう人々は、
渡りがたい死の領域を超えて、彼岸《かなたのきし》に至るであろう。

賢者は、悪いことがらを捨てて、善いことがらを行なえ。
家から出て、家の無い生活に入り、楽しみ難いことではあるが、
孤独《ひとりい》のうちに、喜びを求めよ。

賢者は欲楽をすてて、無一物となり、
心の汚《けが》れを去って、おのれを浄《きよ》めよ。

覚りのよすがに心を正しくおさめ、
執著なく貪《むさぼ》りをすてるのを喜び、
煩悩を滅ぼし尽くして輝く人は、
現世において全く束縛から解きほごされている。

（『ダンマパダ』中村元訳）

虚空山 彼岸寺とは

※飲んでいるのは「ホッピー」（お酒なし）です

宗派も職業も超えた インターネット寺院「彼岸寺《ひがんじ》」

「彼岸寺」は「インターネット上につくられたお寺」としてデザインされた、ウェブサイトです。

お寺と人との距離を近くしたいという思いから、凝り固まった仏教をときほぐし、今に生きる仏教を再編集するために創られた、みんなで創りあげていく新しいお寺です。

その運営は「彼岸寺編集部」として、全国各地で活動する僧侶や社会人が、宗派や職業を超えて集まり、活動しています。一般メディアでは取り上げられることの少ない全国各地の仏教イベント、ニュースを取材紹介する時事コラムや特集記事、多くの執筆メンバーによる連載記事など、読み応えのある情報が満載です。

「彼岸寺」はこれからも、日本最大級のインターネット仏教メディアとして、僧俗を問わず、人と人とをつなぎ、新しい仏縁を生み出していきます。

ぜひみなさんも、新しいお寺、「彼岸寺」にお参りし、2500年以上前から大切に守られてきた仏教の現在進行形に触れてみてください。本書執筆陣はじめ、一同、お待ちしております！　合掌

彼岸寺の人々 その1

神谷町《かみやちょう》光明寺《こうみょうじ》（浄土真宗本願寺派）

松本紹圭《まつもとしょうけい》さん

1979年北海道生まれ。本名・圭介。東京大学文学部哲学科卒業。蓮花寺佛教研究所研究員。米日財団リーダーシッププログラムフェロー。『彼岸寺』を設立。雑誌ブルータス「真似のできない仕事術」に取り上げられるなど仏教界のトップランナーとして注目される。2010年MBA取得。著書に『「こころの静寂」を手に入れる37の方法』（すばる舎）など多数。

座右の銘

犀《さい》の角《つの》のようにただ独り歩め

（『ブッダのことば――スッタニパータ』より）

お寺の可能性を引き出したい

仏教の歴史はイノベーションの歴史。過去の遺産にしがみつくことなく、時代に合わせて変えるべきは変えてきたからこそ、守るべきものも守られてきました。すべては諸行無常。「現状維持」では現状を維持することなどできません。

犀の角のようにただ独り歩め。新たな挑戦をするたび、この言葉を思い出して勇気を出してきました。私の今の挑戦は「未来の住職塾」。お寺が本来の目的に向かって最大限にその可能性を発揮できるよう道筋を作ることを目指しています。必要なのは、今日までお寺が人や社会に対して生み出してきた価値を再評価し、良いものにはさらに磨きをかけ、足りないものは補い、ないものは創造すること。

あらゆる分野でイノベーションが求められる今日、犀の角たちの登場を、世界が待っています。

↓担当しているのは　ワーク4「掃除」、「はじめに」、「おわりに」

彼岸寺の人々 その2

福生山宝善院《ふくしょうざんほうぜんいん》（東寺真言宗）

松《まつ》下《した》弓《ゆ》月《づき》さん

1980年生まれ。神奈川県平塚市で育つ。福生山宝善院副住職、虚空山彼岸寺編集長。国際基督教大学卒業。青山学院大学大学院修了（文学修士）。学生時代はアメリカ文学を学び、東寺伝法学院にて修行し僧侶となる。好きなものは映画、たい焼き、温泉。近年で最も衝撃を受けた映画は『灼熱の魂』。ウェブサイト：http://yuzukimatsushita.net

座右の銘

如《にょ》実《じっ》知《ち》自《じ》心《しん》

（『大毘盧遮那成仏神変加持経（大日経）』より）

心を知って幸せに生きる

如実知自心とは、「ありのままに自分の心を知る」という意味です。

私たちは普段あまり心について考えることをしません。悲しかったり苦しかったりするときには一生懸命になったとしても、普段のなんでもない時にはあまり意識することはないのではないでしょうか。でも、意識してもしていなくても、私たちの考えること、感じること、することは、心から常に大きな影響を受けています。気持ちが落ち込んでいると、身体までおかしくなってしまうことがあるくらいです。

心がどのように動き、何を訴えかけているのか。そして私たちが感じていることを捉え、言葉にしてましょう。心を知ること。それが幸せに生きるために私たちがすべきただひとつのことなのです。

↓担当しているのは　1章

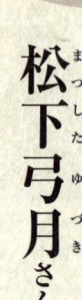

彼岸寺の人々 その3

青江覚峰《あおえかくほう》さん

緑泉寺《りょくせんじ》（浄土真宗東本願寺派）

1977年東京都生まれ。緑泉寺住職。カリフォルニア州立大学にてMBA取得。料理僧として料理、食育に取り組む。「彼岸寺」の創設メンバーであり、日本初・お寺発のブラインドレストラン「暗闇ごはん」代表。著書に『お寺ごはん』（ディスカヴァー・トゥエンティワン）がある。

座右の銘

Know myself, be myself

自分の内面に向き合って

座右の銘を直訳すると、「自分自身を知り、自分自身であり続けること」となります。中国の兵法書『孫子』に、「敵を知り、己を知れば、百戦危うからず」ということばがあります。僧侶となる以前に別の仕事をしていた頃、自分の会社と競合他社との分析を行い、比較することを常としていたわたしは、いつもこの言葉を心に留めて仕事をしていました。

僧侶となったいま、戦うべき敵は自分の外にはありません。向き合うべきは、自分自身の内側ということになります。自分自身を知ると同時に、「なるべき自分」になることをじゃまする、戦うべき敵である煩悩もまた、自分自身の心の中にあるからです。

なりたい自分、なるべき自分になるための第一歩は、自分自身を静かに見つめ、心の声に耳を傾けることにあるのです。

➡担当しているのは　2章、ワーク5「暗闇ご飯」

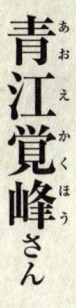

彼岸寺の人々 その4

法《ほっ》性《しょう》山《ざん》安《あん》養《よう》寺《じ》（浄土宗）

松《まつ》島《しま》靖《せい》朗《ろう》さん

1975年奈良県生まれ。早稲田大学商学部卒。（株）NTTデータに入社し、新規事業やベンチャー支援に従事。その後、（株）アイスタイルで「@cosme（アットコスメ）」のWEBプロデュー스に従事。2008年退職後、実家のお寺を継ぐべく奈良で修行生活を送る。2011年より彼岸寺にて「ITビジネスマンの寺業計画書」連載開始。

座右の銘

笑いのある人生

仏教を通じて人々に笑いを

高校を2週間で辞めた僕を救ってくれたのは「笑い」でした。お笑い芸人の道を本気で目指していたこともあります。人生に迷い、自分はこれからどうしていくべきなのだろうと思えば思うほど、自分の置かれた環境に笑えるようになってきました。

思いどおりにならない人生だからこそ、思いもよらないできごとが笑えるようになりたいものです。笑うことで人々は嫌なことを忘れ、元気になれます。

仏教では、苦しみから逃れるためにさまざまな教えが説かれていますが、起こったことを正しく理解して笑いに変えることが、僕なりのお坊さんとしてやらなければならないことの一つだと考えています。仏教を通じて人々に笑いを。そして日本を、世界を元気にしていきます！

↓担当しているのは　3章

彼岸寺の人々 その5

神谷町光明寺（浄土真宗本願寺派）

木《き》原《はら》 健《たけし》さん

1978年神奈川県生まれ。法政大学社会学部卒。お寺カフェ「神谷町オープンテラス」に設立時より参加。主に来訪者の接遇を担当。現場の長として「店長」の愛称で親しまれている。お寺を訪ねる様々な人との出会いに恵まれて2009年に得度。仏教を通じて今を生きる人の役に立てればと試行錯誤の日々。

座右の銘

朝には紅顔ありて
夕には白骨となれる身なり
（白骨章『御文章』）

仏教で心の苦しみを和らげたい

浄土真宗中興の祖、蓮如上人《れんにょしょうにん》が書かれた『御文章《ごぶんしょう》』というお手紙の中に「白骨《はっこつ》章（白骨の御文章）」があります。

私たちは「人間は必ず死ぬ」ということを頭では理解していても、日頃「自分は必ず死ぬ」とはなかなか思えないものです。しかし、人は必ず死ぬものです。朝にはいきいきとした顔を見せていてもその夕方には白骨となってしまうこともあるものです。私はこの一節に触れて命のはかなさを思い知るとともに、自分に残された時間を意識しはじめ、やがて自分が身近に触れてきた仏教を通じて人の心の苦しみを和らげていきたいと思うようになりました。その思いはお寺でお茶を出すこと、話を聴くことの原動力となっています。

思いを持ってお寺を訪ねる人がわずかな間でも心安らかな時間を過ごすお手伝いをできればと思います。

➡担当しているのは　4章

彼岸寺の人々 その6

長谷山北《ちょうこくざんきた》ノ《の》院大行寺《いんだいぎょうじ》（真宗佛光寺派）

英月《えいげつ》さん

大行寺副住職。真宗佛光寺派教師、布教使。僧侶と見合いすること35回。ストレスで、一時的に聴力を失う。このままではいけないと、家出をするようにして渡米。ラジオパーソナリティーを務める他、テレビCM等に出演。また、「写経の会」を主催。アメリカで活躍するも、実家の寺の跡継ぎとなるべく、2010年夏、9年半ぶりに帰国。

座右の銘

共存共栄

出遇《であ》いによって人生は輝く

恥ずかしながら「弱肉強食」だと、長い間、思い続けていました。強い者、他者より勝った者が、幸せになれる。特に、裸一貫状態で渡米してからは、その思いが強くなりました。そして他者より勝った私になるため、精一杯、努力しました。けれども、どれだけ努力しても、超えられない壁、どうしようもないことがあるんですね。言葉が通じない海外生活で、拠り所としていた自我が叩き潰され、その中で、他者と比べる心の悲しさを知りました。比べることは、苦しみを生みます。比べるのではなく、受け入れる。そう、「共存共栄」。他者と共に栄える。物質的なことだけを指すのではなく、共にあり、その出遇いによって人生が輝く。「あなたに出遇えてよかった」好きな人にも、苦手な人にも、そう心から思えること。それが人生の喜びのような気がします。

↓担当しているのは　5章、ワーク2「写経」

彼岸寺の人々 その7

雲水《うんすい》

星《せい》覚《がく》さん

鳥取県出身、大学卒業後に雲水（禅の修行僧）となる。曹洞宗大本山永平寺にて3年間の修行を経て、国内外の多くの禅道場に参禅。都市生活の中で修行を続け、現在はベルリンの道場を中心に様々な活動で禅を世界に伝えている。著書に『身体と心が美しくなる禅の作法』（主婦の友社）。

座右の銘

潜行密用《せんこうみつよう》は
愚《ぐ》の如《ごと》く魯《ろ》の如《ごと》し
（『寳鏡三昧』より）

仏の智慧を現代に活かす

座右の銘としてあげた言葉は、「只能《ただよ》く相続するを、主中の主と名付く」と続きます。見えないところで黙々と実践する。大好きな毎朝のお経の一節です。

僕の両親は学校の先生で、大学を卒業するまで自分がお坊さんになるとは夢にも思っていませんでした。いい会社に入ってたくさん稼ぎ、いい家に住んで贅沢をしようと考えていたのに、いつの間にか僕の生き方は明後日《あさって》の方向に向かってしまったようです。

気がつけば先人達が脈々と伝えてきた仏の智慧《ちえ》を現代に活かし、後世に伝承していきたいと、只々願っています。

今、世界中の人々が互いを思いやり、大きな家族の一員として平和に共生する道を探究していると感じます。

ここをいい星にしましょう。

➊ 担当しているのは　6章、ワーク1「坐禅」

彼岸寺の人々 その8

八屋山普門寺《はちやさんふもんじ》（曹洞宗）

吉村昇洋《よしむらしょうよう》さん

1977年広島県生まれ。駒沢大学大学院修了（仏教学修士）、広島国際大学大学院修了（臨床心理修士）。曹洞宗大本山永平寺にて２年２ヶ月間の修行生活を送り、乞暇後、永平寺史料全書編纂室を経て、現在普門寺副住職。2005年11月より彼岸寺にて精進料理のコンテンツを展開し、カルチャーセンターや各種イベントにて精進料理の講師も務めている。

座右の銘

死ぬまで生きる

死と向き合い積極的に生きる

私たちは必ず死ぬ存在であるにもかかわらず、無事に生きている間はあまり死を意識していません。ともすると、「不老不死」のように永遠に若々しく過ごしたいという無理な願望すら抱くように、人間は現実を直視するのが苦手な存在です。

私の座右の銘は、誰だったかは忘れましたが、あるお笑い芸人さんがテレビで発した言葉です。これを聞いたときに、「何と深い言葉だ!!」と衝撃を受けたのを今でも覚えています。そうです、私たちはただ生きているのではなく、死ぬまでは生きる存在なのです。常に死を意識することで、有限なる自分をどのように生かしていくのかという、〝積極的な生〟へのベクトルが生じます。私は、僧侶という死と向き合う機会の多い人生を歩んでいます。この至極当たり前のことを、しっかりと胸に刻んで生きていきたいと思います。

➊担当しているのは　ワーク3「精進料理」

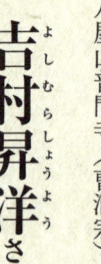

彼岸寺の人々 その9

医王山《いおうざん》高蔵寺《こうぞうじ》（真言宗）

天野《あまの》こうゆうさん

岡山県倉敷生まれ。15歳より高野山へ入り、祖父の跡を継いで第16代高蔵寺の住職となる。高野山本山布教師として全国で講演活動を展開、ラジオのパーソナリティーも務める。制作する仏画「ほほえみほとけ」は各地で個展を開催。主な著書に、本書でも作り方を紹介している『土ほとけ』、『ほほえみ文庫』シリーズなど（以上、御法インターナショナル）。

座右の銘

如意《によい》

想いがあれば、何事も形になる

私は若いときに高野山で修行しました。その頃は周りを見渡す余裕はなく、気づけば「お坊さん」になっていました。

あれから20年が経ち、ようやく周囲が見えてきました。そして今日、つくづく「空海さまの教えを受けてよかった」と思っています。これは他の宗教と比べた感想ではありません。一つの事柄に対して、全方向からの出し入れを導き、仏として生きる教えを徹底する。どんなことでも、方便として成り立つ曼荼羅《まんだら》を、ありがたく観じて行じているからです。

ここに挙げた「如意」とは、想いがあれば形に成るということ。人の「想い」はさまざまで、幸も不幸も想いから始まる。私はそこをズバッと明快にするこの「如意」という言葉が大好きです。自力の清さと他力のおかげ、そして仏の功徳によっての結果。素敵な形を日々積み重ねたいと願っています。

↓担当しているのは　ワーク6「仏さま」

小さな心から抜け出す
お坊さんの1日1分説法／目次

松下弓月（福生山宝善院）

第2章　自分で自分を追いつめないために

青江覚峰（緑泉寺）

第3章　高ぶる感情に振り回されない

松島靖朗（法性山安養寺）

第4章 縁に生かされている自分を大切にしよう

木原健（神谷町光明寺）

第5章　出会いと別れの中で生きていくために

英月（長谷山北ノ院大行寺）

第6章　当たり前の毎日に感謝して生きる

星覚（雲水）

小さな心から抜け出すワーク

第1章

内なる不安に負けない心をつくるために

松下弓月
（福生山宝善院）

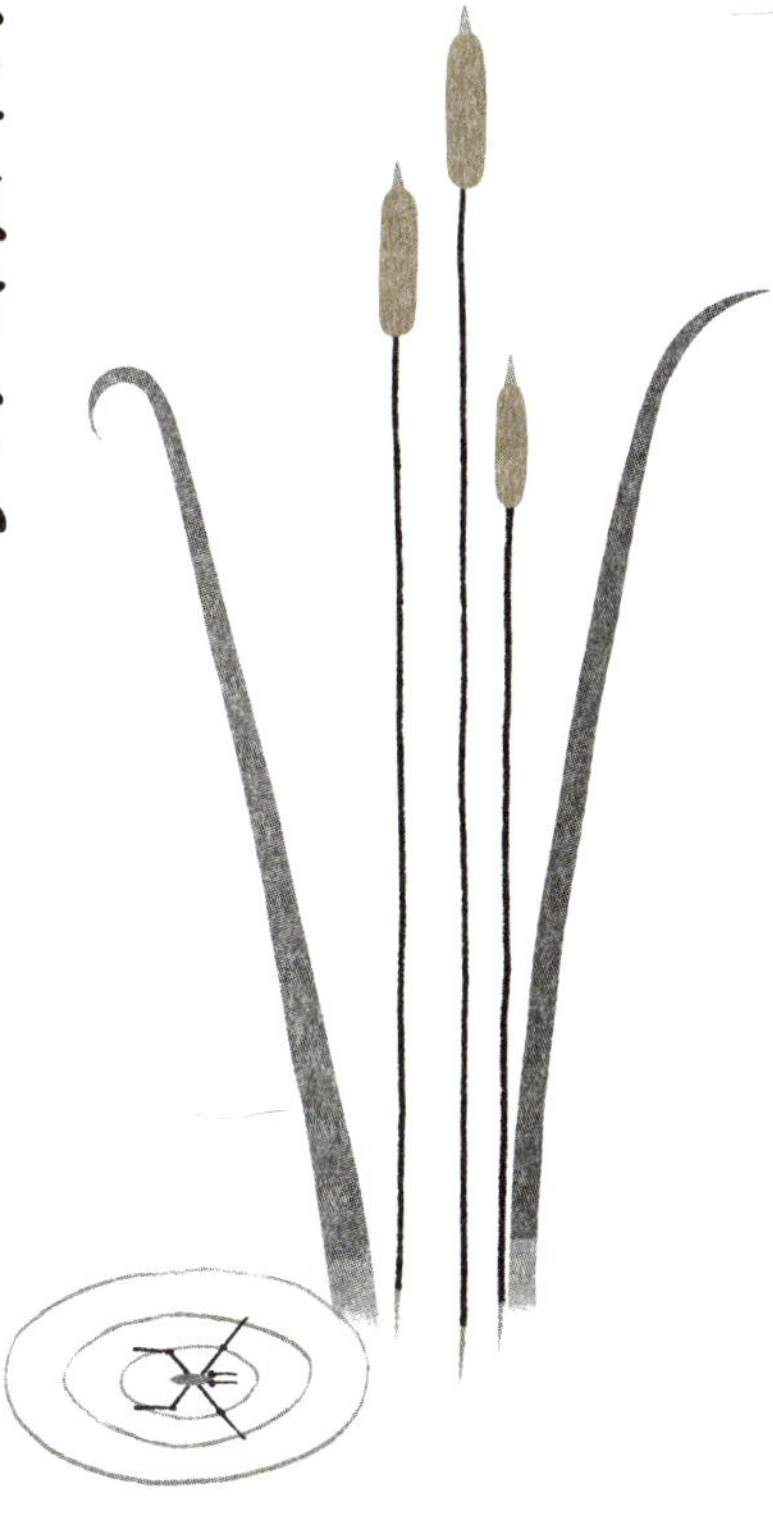

◉不安はどこからくるのか

不安は心の痛みである

ジワジワと広がる淡い痛みのような感覚が、心の奥のほうにある。

はっきりとした理由があれば何か対処もできるけれど、思い当たることもないからどうすることもできない。できることがないから、いつまでも痛みが消えない。もうどうしたらいいのかわからない……。そんなお気持ちで苦しんでいらっしゃる方もいるでしょう。

そもそも、心にはびこる不安とはいったい何なのでしょうか。私は**不安は心の痛み**だと思います。身体に痛みがあるように、心にも痛みがあるのです。痛みなんて感じたくないし、ないほうがいいと思う方もいるかもしれません。でも、痛みがなくなってしまったらどうなるのでしょう。転んで足首を捻《ひね》っても、痛みを感じることができないとしたら?

捻挫《ねんざ》をすると、足首が痛くてちゃんと立つことができなくなってしまいます。でも、痛みがなかったら、怪我したこともわからないので、患部をいたわってあげることもできません。いつもと同じように歩いた結果、捻挫が悪化してしまうかもしれません。怪我が悪化して、

心が痛みを感じていることに気づこう

立ち上がれなくなって初めてそのことに気づくなんてちょっと怖いですよね。

心の痛みも同じです。何か気をつけなくてはいけないことや、注意しなくてはいけないことがあるとき、**心は痛みというかたちで私たちにメッセージを送ってくれているのです**。

ところが困ったことに、私たちは痛みが好きではありません。痛みは危険を避けてもらうためのサインなのに、その痛みを見て見ぬふりしてしまいがち。せっかく心が危険を知らせようとがんばっているのに、それに気づかず、無視してしまうことすらあるのです。

すると心はますます焦って、私たちに気づいてもらおうと一生懸命大きな声を出そうとします。そうして私たちが痛みに気づくまで、不安はどんどん大きくなっていくのです。

だから理由もなく不安を感じてしまうときには、それが大きくなりすぎる前に、ちゃんと耳を傾けて、必要があれば何か行動を起こすことが大切です。ちゃんと聞いてあげれば心も安心して、それ以上大きな声であなたを呼ぶこともなくなるはずです。

◉自分の将来に希望が見出せない

今現在を良くすることから始めよう

今の日本は、将来に向かって良くなっていく材料を見つけるのが、なかなか難しい状況にあります。国全体の未来が暗いわけですからね。国の将来は、自分一人の力で変えられるものでもありませんから、将来のことを前向きに考えるのは難しいでしょう。

ですが、自分の将来に希望を見出だせないというのは、その人の「今」が良くないからではないかと、私は思います。人は将来のことを、今の状況から思い描きます。もし今がとても良いのであれば、将来もそれほど暗いイメージにはならないのではないでしょうか。

仏教では、過去や未来ではなく、**「今現在をどう生きるのか」**ということをとても大切にしています。過去はもう過ぎ去ってしまったし、未来はまだやってこない。たとえどんなことをしても、どちらも私たちには変えることはできません。けれど、今この瞬間のことであれば、私たち自身で、何をどうするのか決めることができます。変えることができるのは、今この瞬間だけなのです。ですから、**良い将来像を描こうとするならば、まず、今自分のい**

る現在を良いものにすることから始めましょう。

また、私たちは複数のことを、同時に考えたり見たりすることはできません。もしあなたが将来のことばかり考えてしまっているのだとすれば、今この瞬間のことがほったらかしになっているのではないでしょうか。妄想で頭をいっぱいにすることは、何の助けにもなりません。今一度、自分の足元を見つめなおしてみましょう。

たとえば山登りは大変ですが、麓《ふもと》で大変そうだと考えていても、頂上は近づいてきません。それより、一歩でも歩いたほうがいい。頂上にたどり着けば、想像を超える景色を見ることができるでしょう。それと同じように、ほんの小さなことからでも、今できることを変えていくことで、少しずつ少しずつ、明るい将来へ進む方法を修正していくことができます。

今を大切に、丁寧に生きることで、日々の生活が良いものに変わっていきます。満たされ、安心できる毎日から将来を考えるとき、きっと今とはまったく違ったものが見えてくるはずですよ。

今を生きることで将来が輝く

◉恐ろしい未来ばかり想像する

空想にとらわれることは自分を傷つける

戦争も人類が滅亡する異変も、どちらも大変怖いものです。映画や小説で読むだけでも怖いのに、実際に自分が巻き込まれてしまったら？　死んでしまうかもしれないし、大切な人やものを失って、とてつもない心の傷を負ってしまうかもしれません。そんな想像をしてみると、なんとも言えない気持ちになってきます。

ところで、戦争や人類が滅亡するような大事件は、今実際に起こっているのでしょうか？　もし起こっているのだとしたら本を読んでいる場合ではありませんね。そうではなくて、たんに気になって仕方がない、どうせ滅亡するなら何をしても無駄だと思ってしまうのだとしたら、それはあなたが、まだ起きていない未来を勝手に妄想しているだけのことです。

仏教では、**苦しみの根本は無知である**と説きます。この世界の本質を知らないために表面的なことに惑わされ、誤った行いをして自分を傷つけてしまうということです。自分勝手な妄想にとりつかれると、現実が見えなくなり、その結果、しなくてもいいことをして、しなくてはいけないことをできなくなってしまうのです。

これは天変地異や人類滅亡といった大きな妄想話だけではありません。私達は毎日、小さな妄想を繰り返しふくらませています。ほんの些細なことで「あの人は自分のことを嫌いなんじゃないか」と思ったり、自分をすごく優秀な人間だと思い込んだり……。これは、生きてきた中で、その人なりのものの見方、感じ方の癖ができているから。この癖は物事の理解を助けてもくれますが、時には現実を曲解《きょっかい》させてしまうこともあるのです。

もし今、ごくわずかな可能性しかないことを気に病んで、うまく現実に対応できなくなってしまっているのだとすれば、**心配することでかえって自分自身を傷つけてしまっている**ことに気づきましょう。

現実に危険があれば現実的に行動する。現実的に危険がないのであれば、悩んでも意味のないことです。悩めば悩んだだけ、自分を損なってしまうでしょう。空想にとらわれず、現実を見つめましょう。

妄想の癖に振り回されない

◉将来のお金への不安

今を真摯に生きれば自然とうまくいく

過去のいつの時代も、将来に備えることは不安だし、大変なことだったでしょう。しかし、これだけ寿命が長くなった現代では、ずっと先のことまで視野に入れなくてはなりませんし、いろいろな情報があふれ、選別するだけでも手一杯です。そう考えると、現代は昔よりほんの少しだけ、将来のことを考えるのが難しい時代なのかもしれません。

天台宗《てんだい》の開祖、最澄《さいちょう》の言葉に、こんなものがあります。

「道心《どうしん》の中に衣食《えじき》あり、衣食の中に道心なし」

道心とは、何かを成し遂げようとする気持ちのことで、悟りを求めようとする心を意味します。そして衣食とは、着るものや食べるもののこと。この言葉は「自分の使命を成し遂げようとするならば、食べ物や着るものに困ることはない。食べ物や着るものばかりを求める人には、何かを成し遂げようとする心がない。道を求めて真摯《しんし》に生きれば、自然と生活もついてくる」というような意味になります。

これは、今さえ良ければいい、将来のことは考えなくてもなんとかなるという意味ではありません。毎日すべきことに一生懸命に取り組んでいれば、無駄なことにお金を浪費することはありません。その姿を見て、仕事を認めてくれる人や困ったときに助けてくれる人が自然に現れるという意味です。

良い将来を迎えるためには、視線を将来に向けて備えることも必要です。でも一番大切なのは、あくまでも今現在のことに全力で取り組むことなのです。

いいことも悪いことも、将来、どんなことがいつ起こるのかは、誰にもわかりません。正確な未来は予測できないのですから、将来必要なことを、今から完全に準備するというのも不可能です。

将来は今の積み重ねの先にあります。前述したように、私たちは今何をするかは、自分で決められるのです。今この瞬間に、私たちがすべきだと思うことを精一杯やる。今を一番よく生きることが、将来のなによりの備えとなると思いますよ。

今の積み重ねが将来の備えになる

◉未婚のまま歳をとることの怖さ

人と出会うのに年齢は関係ない

日本には昔から、結婚適齢期という言葉があります。それを過ぎると売れ残りなどと言われたり……。でも、結婚に年齢的な限界があるとすれば、それは民法上の決まりごとだけではないでしょうか。

年齢で自分のありなしを判断する目を持っていると、人のこともいろいろな「条件」で見てしまうようになります。年齢で自分自身を評価するように、相手にも年齢・容姿・学歴・職業・地位など、いろいろな条件を当てはめて、これはありだけどこれはなし、などと評価を下すようになってしまうのです。

たとえあなたが結婚の条件を満たしていたとして、「○歳なら結婚してもいい」「職業が○なら結婚してもいい」などと言う人と結婚して、果たして幸せになれるでしょうか？

結婚は、誰かとともに幸せに生きるためにするものです。**たとえどんな条件を満たしていたとしても、不幸な生活しか送れないのではなんの意味もありません。**

誰かと一緒に生きるには、困難も面倒もつきまといます。結婚をせず一人で生きていくこともできる今の日本で、それでも誰かと一緒に生きることを選ぶのですから、「年齢」という人がつくった基準で相手を選ぶのはやめるべきでしょう。

それに、たとえあなたが「まだ結婚できる」年齢だとしても、他人のつくった基準を自分にも人にも当てはめて評価するような人と結婚したいと思う人はいるのでしょうか。人間的にも魅力のある人と結婚をしたいと願うなら、まず自分自身がそれに相応しい人間でなければなりません。

愛する人と出会い、ともに生きていくチャンスは何歳になっても訪れます。若いうちに生涯をともに過ごしたいと思えるような人と出会えることは素晴らしいことですが、年を重ねて初めてそのような人と出会うことも同じように素晴らしいことだと心から思います。

あなたの歩む道が、どこかで誰かの歩む道と重なるときは必ずあります。ですから、無意味な言葉に迷わされず、あなたはあなたの道をしっかりと歩んでいってください。

他人のつくった条件に惑わされず自分の道を歩もう

◉子どもは必ず産むべき？

子ども以外の「心」を世の中に残す

子どもを産まない方は増えていますが、その理由はいろいろあるでしょう。どのような経緯があったにせよ、欲しかったのに……という方は、切なくやるせない思いをお持ちではないかと思います。

ここで子どもを産まないことを不安に思うことはない、といろいろと利点を挙げたり、老後の対策について考えることもできます。しかし、こればかりは何か理由をつけたところで、気持ちが落ち着いたり、癒されたりするようなものではないでしょう。

子どもは、それだけでかけがえのないものだと思います。何か他のものを、その代わりとすることはできません。それでも、**人が残すことができるのは子どもだけではないということも、また事実です。**

人はその生き方や成し遂げた仕事を通して、誰かに何かを伝え、後世に残すことができます。これは、歴史に残るような仕事をした人ばかりの話ではありません。私たちは毎日、誰かしらと関わりを持ちながら生きています。あなたが、日々の仕事や生活を通して人に伝えられるものは、ほんのわずかかもしれません。でも、少しずつ少しずつ伝わったものは、意識されることはなくても、その人の中に深く刻み込まれ、生涯に渡ってずっと残るのです。

そのためにはまず、**自分の人生を自分のものとして引き受けること**。人生にはつらいことも、苦しいこともたくさんあります。中には自分の責任ではないこともあるでしょう。ですが、それも含めて自分の人生だと引き受けることで、そこから人生を良いものにしていくことができるのです。

もし、あなたがより良い人生を生きようとするのなら、数は多くはなくても、その生き方を通してあなたの一部が誰かの中に届き、そこで芽を出すのではないでしょうか。

選ぶと選ばざるとにかかわらず、子どもを産むことができないこともあります。しかし、どのように生きるかは、選ぶことができます。誰かに何かを伝えられるような生き方をするというのも、ひとつの選択肢ではないでしょうか。

後世に残せるものは子孫以外もある

◉乱れた心の整え方

焦らずゆっくり時間をかけて生きる

仏教で、心を湖の水面にたとえることがあります。湖は普段は静かで、夜になれば鏡のように月影を映し出します。でも、一度風が吹けば、水面は波立ち、その美しい月も乱れて消えてしまいます。このたとえが意味するのは、心はほんの小さなことでも乱れ、穏やかなままにしておくのがとても難しいということです。

私たちは心が乱れたとき、気持ちを意識的にコントロールしようとしますが、でもそれは難しいことです。坐禅をしたことがある人ならおわかりだと思いますが、考えないようにしようと思った途端に、心はそんな私たちの命令を無視して、あちらこちらへさまよい出していきます。

では、この乱れた水面のような心を落ち着けるには、どうしたらいいでしょうか。実は**落ち着けようと何かするのはかえって逆効果です**。手を入れれば波立つし、風を止めることはできない。一度広がった波紋は、時間を逆戻りさせなければ消えることはありません。どうにかしようとあがけばあがくほど、それが乱れの原因を作り出すことになるのです。

乱れたものが落ち着くのに必要なことは2つあります。ひとつは落ち着くのに必要なだけの時間をかけること。そして、それ以上乱れの原因を作らないようにすることです。

大事なのは、時間をかけること。心はつねに変化し続けるものですから、今どんなに乱れていたとしても、いつかは必ず落ち着きを取り戻します。苦しくてなかなか耐えるのも難しいと思いますが、永遠にその状態が続くわけではありません。だから、落ち着きを取り戻すための時間を、心に少しだけあげてほしいのです。

そしてもうひとつ大切なのは、**心を無理にコントロールしようとしないこと**。私たちの心はとてもわがままで、騒ぐのが大好きです。少しでも興味の惹《ひ》かれるものがあれば、駆けていって大騒ぎ。それを力ずくで止めようとするものがあれば、思いっきり反発します。

ですから、乱れの原因を増やさないように心がけてみましょう。騒ぎの種がなくては、だんだん心も落ち着くしかなくなっていくのです。

心は水面のように乱れやすいもの

◉精神年齢を成長させたい

生活を整えて心に余裕を持つ

仏教では、心を育てることをとても大切にしています。それというのも、前ページで述べたように**心は意思の力でコントロールすることができない**ものだからです。

お釈迦さまは心を、陸に打ち上げられ、もがきまわる魚にたとえられています。水を求めてもがきまわる魚を手で捕まえようとしても、ヌルヌルと滑るのでしっかりつかめませんよね。たいていは、そのまま逃げられてしまいます。

同じように、形がなくとらえどころのない心は、意思でコントロールしようとすれば、いつの間にかするりと私たちの手を抜け逃げていってしまうものなのです。

では、心を育てるためにはどうしたらいいのでしょうか。

仏教では3つのことを学ぶように勧めています。ひとつは、生活習慣を整えること。次に、心を育てること。最後に、智慧《ちえ》を高めることです。

訓練されないままの心は、あちらにもこちらにも、好き勝手に行ってしまいます。だから、まずは具体的に変えることのできる生活習慣や行動から変えることを目指すのです。規則正しい生活スケジュールを守ること。汚い言葉を使わないこと。暴飲暴食をしないこと。盗みや殺生をせず、よくない性行為はしないこと。

このようにして生活を整えていくことで、心にも余裕が生まれてきます。良い習慣を持つことはそれなりに大変なことですから、努力しているうちに心も育っていきます。

自分の精神年齢が実年齢にともなっていない、と思ってしまうのは、自分ではこうしたい、こうありたいというイメージがあるのに、気持ちはどうしてもそのとおりにならないからではないでしょうか。自分の心を抑えてしっかりコントロールする。これを精神的な成長だと考えていませんか？

心に余裕が生まれて初めて心を成長させていく準備ができるのです。精神的な成長を目指すなら、まずは自分自身の行動を振り返り、良くないところを直し、良い習慣を持つところから始めてみてはいかがでしょうか。

心を無理に抑えることが成長ではない

老いていくことへの恐怖感

限られた時間の中でやるべきことをする

老いは私たちには止めることのできないもの。戦おうとする限り、私たちは常に小さな負けを重ねていくことしかできません。**老いには勝つことができない**として、ではどうしたら恐怖ではなく、安らかさで心を満たすことができるでしょうか。

お釈迦さまの言葉に、次のようなものがあります。

「時間はあっという間に過ぎていき、昼と夜も移り変わっていきます。若さも少しずつ消えていきます。この**死の恐ろしさをしっかりと見つめて、良いことをして心の安らぎを得なさい**。世間的な欲望を捨てて、静けさを目指すのです」

時間はどんどん過ぎていき、いつかは必ず死がやってくる。だから、この事実から目を背けずに、やるべきことをしなさい。そうすれば、心の安らぎを得ることができるだろう。このようにお釈迦さまは仰っているのです。

また、お釈迦さまは次のような言葉で、毎日を漫然と過ごして老いることへの危険を強く警告されています。

「学ぼうとしない人は牛のように老いる。その人の肉は増えるが、智慧は増えない」

人間と違って、時間はとても勤勉です。どんなときにも同じペースで進み、焦ることがありません。気を抜いてさぼったらあっという間に置いていかれてしまいます。

私たちは学び続けなくてはいけません。誰しもいつかは老いて死んでゆくのですから、少しでも早く、自分は何をしたいのか考え、そのために必要なことに取り組まなければいけないのです。

恐怖と戦うべきではありません。老いから目をそらさず、ちゃんと見つめれば、私たちに安らぎへ向かうきっかけとなるものです。

私たちは毎日少しずつ老いていきます。与えられた時間には限りがあるのです。このことを忘れず、良い人生を送れるようにやるべきことをやっていきましょう。

心の安らぎは日々の良い行いで培おう

◉日々を幸せに思えない

不幸なのは「今」に集中していないから

最近、今を幸せに思えないという悩みをよく耳にします。これから先どうなるか心配されていたり、嫌な思い出がどうしても忘れられないという方もいらっしゃるかと思います。

仏教では、**過去や未来ではなく、今ここでの出来事に集中することが大切**だと考えます。

たとえば、お釈迦さまはこんなことをおっしゃっています。

「もう終わったことをいつまでも考えたり、まだ起きていないことに悩んだりしないように。過去はもう終わったことで、未来はまだ来ていないこと。だから、今すべきことをよく見つめて、それに集中しなさい。今日しなくてはいけないことを一生懸命やるのです。明日死んでしまうとしても、そのことは誰にもわからないのです」

私たちはなぜ、未来や過去のことを考えるのでしょうか。その理由はいろいろ考えられますが、究極的には「幸せになりたい」と願っているからではないでしょうか。

幸せになるためには、過去や未来の問題を解決しなくてはならない。でも、過去や未来のことは考えても考えても解決できない。だからそのことが頭から離れないのです。

不安を解決して幸せになりたいと願うなら、過去や未来を変えようとするのではなく、そのことをどうしても考えてしまう今の気持ちに向き合いましょう。現実は変えられませんが、そのことで悩んでいるあなたの気持ちは変えることができます。どこか遠くのことを気にするのではなく、今ここにある気持ちに、耳を傾けてあげましょう。

幸せへと続く唯一の道は、過去にも未来にもありません。私たちが幸せをつかむためにできるのは、今何をすべきか考え、すべきことを見つけ、それに全力を投じることだけです。他には何もありません。

今が幸せに思えないのは、幸せになるためにできる唯一のことをないがしろにしてしまっているからです。

私たちにできることは限られています。この貴重で限りある「今、ここ」を大切にすること。それが私たちを幸せにするのです。

未来や過去への執着を捨てよう

◉死の恐怖との向き合い方

死が怖いからこそ、今を大切にできる

死はいつやってくるかわからないもの。私たちは普段このことをなるべく考えないようにしていますが、明日も生きていられるかどうかは、誰にもわかりません。

仏教において、死を想うことはとても重要なことです。お釈迦さまが出家されたのも、いつかは死ぬということを強く意識されたのがきっかけです。

まだお釈迦さまが若く、王子さまとしてお城で何不自由ない生活を送っていた頃のことです。ある日、出かけるため馬車に乗ってお城の東にある門を通りかかると、年老いた老人の姿を見かけました。次の日、今度は南の門で病人の姿を見かけます。そのまた次の日には、西の門で死者と出会います。お釈迦さまは、自分もいつかは同じように年老いて病にかかり死んでいくのだということを知り、深く悩んだそうです。そして、最後に北の門で出家修行者を見かけて、出家することを決意されたのだそうです。

お釈迦さまは、自分に与えられた時間には限りがあるということを痛感したからこそ、家族も国も何もかも捨てて、修行をする決意をされたのです。

時間があると、つい怠けてしまうのが人間です。本当に大切なことはやるのが大変だからと後回しにして、どうでもいいことばかりやってしまいます。学生時代、明日はテストだというときに限って、念入りに部屋の掃除を始めてしまった経験がある方もいるのではないでしょうか。

お釈迦さまは、「私たちの身体はあっという間に衰えて死を迎えるのだから、そのことを忘れず一時的な楽しみに耽《ふけ》るのをやめて、怠らず修行に励むように」とおっしゃっています。

死を忘れないでいることで、はじめて私たちは与えられた時間を有効に使うことができるようになるのです。

死から逃れることは誰にもできません。死ぬのは怖いこと。でも、怖いことだからいいのです。こうしているうちにも少しずつ死が近づいてくることを思い出して、この貴重な時間を大切につかうためのきっかけとしてみてはいかがでしょうか。

死を、人生を有効に使うきっかけにする

小さな心から抜け出すワーク1

坐禅で自由な身体と心を取り戻そう

雲水 星覚さん に聞きました!

坐禅はブッダの知恵袋

坐禅は言葉のようなものです。こう言うと不思議に思われるかもしれませんが、禅の教えに言葉にならないという意味の「不立文字《ふりゅうもんじ》」という禅語もあるくらいです。

赤ちゃんが最初に言葉を発するとき、そこには意味も、目的も、期待する効能もありません。もし実際に声を出すことなく、納得するまで言葉の意味や文法、効能を考え続けていたらどうなるでしょう? おそらく一生言葉を使うことはなく「言葉というものの本当の存在価値」を実感することもないでしょう。まわりの人達がそうであるから、ただ、そうする。それでも「言葉を超えて」言葉は代々伝わっています。言葉はそれ自体には意味がなく、相手がいて、話すという行動を伴って初めて意味を持つのです。

坐禅も同じく、それ自体には理由も、目的も、期待する効能もありません。相手がいて、生活の中で実践して初めて働いてくるのです。ブッダというインドの王子様がこれに気づき、達磨《だるま》大師を経て、中国から日本へ脈々と伝わってきた、実践をともなって初めて表現できる「おじいちゃんの知恵袋」なのです。

「理由もなく、ただ、やってみる」。これは人生に意味や目的を求めてしまいがちな僕たち現代人には、なかなか難しいことです。思考で人生を切り開いていく先進国の暮らしになれると特に不安を感じます。だから頭で考えて理解しようとするより、良い師匠に出会い、生活の中で実践し続けることが何より大切です。

1日5分でいいので、ぜひとも継続してください。こだわりから一つひとつ離れて身軽になっていく過程は、最高にぜいたくな楽しみですよ。

坐禅を始めよう！

坐禅はつらいものではありません。少しずつ、今まで必死でしがみついてきたものを手放していくプロセスだと思って楽しみましょう。

頭で考えずにやってみよう！

何かをしようとするのではなく、意味も効能もない本来の自然な世界に身体を投げ入れることで、赤ちゃんのときのように、自由で楽しい身体と心が自然に戻ってきます。効能を考えず、とにかくチャレンジ！

所作を大切にしよう！

禅で所作を大切にするのは、体と心の緊張をほぐしてひとつにしていくプロセスだから。所作をきちんと守って体の動きを調えていけば、心も調い、心が調えば、行動全体も自然に変わってきます。

脚を組むことにこだわらない！

坐禅＝結跏趺坐《けっかふざ》と思われがちですが、脚を組むこと自体はそれほど重要ではありません。最初は椅子坐禅から挑戦して、坐ることが習慣になってきたら脚を組んでみましょう。

とにかく続けよう！

坐禅はとにかく継続することが大切です。毎朝起きて顔を洗ってから、5分でも坐ることができれば理想的です。忙しいときは1秒でも構いません。毎日が難しければ週末だけでも、とにかく自分で決めた間隔で、定期的に継続するようにしましょう。

坐禅の流れ

❶ 部屋を片づける

掃除は心を磨く第一歩

実際に坐禅を始める前に、部屋を片づけ、よどんだ気を流しましょう。掃除は汚れるからするものではなく、心を磨く修行のひとつです。

片づけのポイントは、

- 空気を入れ換える
- ここだけはきれいにしておくという場所を作る
- 上から下に片づける
- ものは角をそろえてあるべき場所に戻す
- ものを積み重ねない
- ものは両手で大切に扱う
- ほうきで掃き、雑巾をかける

部屋全体が無理であれば、坐禅をする場所だけでも片づけましょう。

❷ 合掌一礼

感謝の心を表す作法

胸の前で合掌して、これから坐る方向に向かって腰から体を前に倒します。体を起こすときは急がず、ゆっくりと。次に合掌したまま時計回りに動いて反対側を向き、同じように一礼しましょう。

❸ 坐る

❹ 合掌一礼

坐ったまま一礼してからゆっくり立ち上がり、坐っていた方向に合掌したまま一礼したあと、時計回りに動いて反対側にも一礼します。

眼は……
完全に閉じず、軽く開いた半眼の状態を保ちましょう。少し下に目線を向け、一点に集中しないようにしつつ、五感を開いて周囲の環境と一体になりましょう。

手は……

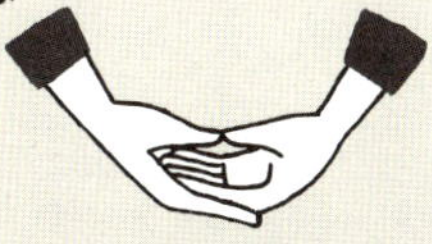

右手の平の上に左手の平を図のように置き、親指同士を軽くつける「法界定印（ほっかいじょういん）」にします。親指と人差し指で美しい楕円を描くようにし、力を入れて指が持ち上がったり、逆に気をゆるめて指が離れないように注意。

椅子坐禅のポイント

背もたれを使わずに椅子の前のほうに坐り、骨盤を立てるようにして、おへその辺りを引き締め、耳と肩、鼻とおへそが一直線に並ぶようにします。足の裏は床につけ、大地とのつながりを感じてください。背筋は自然に伸ばして、首が前に傾かないよう注意。

脚を組んでみよう！

お坊さんが脚を組んで坐るのは、つらさに耐えているのではなく、ラクに坐るコツを知っているから。椅子坐禅に慣れたら挑戦してみましょう！

結跏趺坐《けっかふざ》

背筋を伸ばし、手は法界定印（P49）に組んで、軽く足の上に載せましょう。

右足を持ち上げて左足のももにのせ、左足も右ももの上に交差させて重ねます。足裏は上を向くようにして。左右はどちらからでも、無理のないほうから行ってください。
お尻の下に敷く坐蒲（ざふ）は、座蒲団やクッションでOK。骨盤を坐蒲に預けた状態で両膝が床に着くように重ねるなどして高さを調節します。

半跏趺坐《はんかふざ》

ラクに坐るポイントは、お尻と両ひざの3点で三角形をつくって体重を分散させること。

右足首を持ち上げて左ももの上にのせ、左足は右ももの下に深く入れます。左右は反対でもいいので、無理のないほうから始めましょう。
背中が丸まってお腹が出たり、首が傾いたりしないよう背筋を伸ばし、肩に力を入れないように注意しましょう。

第2章

自分で自分を追いつめないために

青江覚峰（緑泉寺）

◉嫉妬はなぜ起こる？

自分への執着が嫉妬の苦しみを生む

嫉妬という感情は、ある人や物事に関して、自分と誰かを比べてしまうところから生まれます。ですが、その根本は実はもっと根深いところにあるのです。これを解いていくヒントとして、「執着《しゅうじゃく》」があります。これが欲しい、あのようになりたいなどと強く望み、それにこだわり、気になって仕方がない状態をあらわす言葉です。

たとえば男女の関係ならば、好きな人に愛されたいのに、自分よりその相手に好かれている人に対して嫉妬を抱きます。つい、誰かと自分を比べて苦しむその根っこは、実はその好きな人や、その人との未来、その人に愛されている**自分というものに対する執着**にあります。

また、自分がやりたかった仕事をこなしている同僚に対して嫉妬しているなら、仕事そのものや、それによって得られるスキル、成功してすごいと思ってもらえること、それによって得られる未来といったものに対して抱く執着によって引き起こされています。

ですから、もし私たちが執着を手放すことができれば、嫉妬などという暗い感情に苦しむことはないでしょう。

しかし、私たちは執着を離れることはできません。何も望まずただ生きているだけでも、それは「生きる」ことへの執着の上に成り立っているわけですから、完全に執着から逃れる方法をさがして考えこむのは少々見当違いだと思われます。きっと、ありもしない答えに執着するあまり心が疲れきってしまい、そんなことに悩むことなく幸せそうにしている人たちに嫉妬するでしょう。執着から解放されることが叶わないのであれば、きれいさっぱり嫉妬を断つことも難しいものです。

仏教の究極の目的は、「生きる」という執着とどのように関わっていくのかというところにあります。執着から解放されることはないとわかったうえで、ではその**執着とどのようにつき合っていくのかを考えていく**のです。そこを謙虚に見つめていけば、自ずと湧き出てしまう嫉妬ではあっても、その根本にある執着に気づき、嫉妬によってやみくもに嘆き、怒り、取り乱すなどという苦しみからは解放されるのではないでしょうか。

執着との向き合い方が生き方を変える

◉若さへの嫉妬とのつき合い方

あなたがするべきなのは「今」を生きること

私たちは、幼い頃から成長の節々に「おめでとう」という言葉を受けとってきました。「おめでとう」と言われるのは、「おめでとう」という言葉の先に、輝く未来があるからです。望んでいた未来への切符を手に入れたことで、まるで将来の成功、幸福を約束されたような気持ちにさせてくれる、「おめでとう」は麻薬のような言葉ですね。

人間が他人の若さに嫉妬してしまうのは、今よりも若い頃、可能性に満ちた未来があったときに言われた「おめでとう」という言葉の麻薬の味が忘れられないからなのです。

思い返せば、「おめでとう」と言われて進んだ世界で、嫌な経験もしたでしょう。バラ色に見えていた未来は、実は幻想にすぎなかった。それでも、今度こそと新たなステージに挑み、また「おめでとう」と言われ、未来への期待を胸に歩みを進める。その繰り返しです。

光りに包まれた未来という甘い幻想に溺れるチャンスが、もうわずかしか残されていないという**焦り、絶望感が、自分よりも若い人への嫉妬を引き起こす**のです。

若さだけが可能性ではない

しかし、賢い人は、輝く未来が幻想だと知っています。どんなに強く夢見た未来にも、失敗や挫折はあるものです。もちろん、成功と幸福を感じることもあるでしょう。けれど、それは永遠には続きません。夢に見た未来は、すぐ過去になっていきます。つまり、「おめでとう」の言葉をもらうほど、あなたの残り時間は削られていくということです。

賢い年長者というのは、それを理解し、未来という名の幻想にではなく、若さの残像にでもなく、現実の今この瞬間を、地に足をつけて大切に生きる人です。大切なのは、**若さこそが可能性だという幻想を捨てること**、そして、自分が若いときに体験した成功への執着を捨てることです。若さは誰もが体験し、成熟も老いもまた、誰にも平等に訪れます。

ひとつの成功が、永遠の幸福を約束するものではありません。若さや成功が永遠でないように、世の中も絶えず変わっています。過去を生きることはできません。他人の時間を生きることもできません。妬ましく思える、若い人の輝く未来は幻想です。

成功も幸福も輝く未来も、自分自身の確かな歩みの先にしかないことを知ってください。

◉うらやむ心とのつき合い方

自分がすでに恵まれていることに気づく

暮らしの中でよく耳にする言葉でも、お経の中ではまったく違う意味で使われている言葉があります。その中のひとつが**「平等」**です。

平等といえば、たとえば同じ仕事をし、同じ給料をもらうというようなことが連想されますが、仏教の教えの中にこんなお話があります。

ある日、山に雨が降りました。山には、大きな木から小さな草までたくさんの植物が生きています。大きな木の下に生えている草は、不満を言いました。「大きな木に隠れて雨が回ってこなかった」と。

これは、私たちの感覚では「不平等」と言えるでしょう。しかし、仏教の中では、これは「平等」であると言います。どういうことでしょうか。

雨は、等しく山全体に降り注ぎます。しかし一本一本の木からすれば、生えている場所によっては存分に雨の恵みを享受できないこともあるでしょう。しかし、雨が降ること自体は、

人は宇宙に対して平等な存在である

平等なのです。

私たち人間の暮らしている世の中も、この山と同じです。空気や光、時の流れなど、**人の力の及ばない大きな恵みは、すべての人に平等に与えられています。**私たちはこの地球、この宇宙に対して、平等な存在なのです。それを不平等だと感じるのは、あくまでも恵みを受ける側の都合でしかありません。

私たちは一人ひとり体格や顔かたちが違うように、物事の好き嫌いも得手不得手も違いますし、がんばりやさんだったり、おっとりしていたりと、性格も人によって様々です。その違いは、平等、不平等とは違うのです。

違いを受け入れ納得したうえで、恵みをどのように受け取り、自らの、あるいは人々の幸せのためにどのように生かすかは、その人自身の心の持ちようにかかっています。

方法はもちろん人それぞれ。すべての人に等しく降り注ぐ恵みに気づかず、自分のするべきことからも目を背けたままで不平等を訴えるのは、もったいないことだと思いますよ。

◉嫉妬の前向きな生かし方

嫉妬に隠された「望む姿」を見つけよう

自分の話で恐縮ですが、私の住んでいるお寺は、東京でも小さなお寺が集まって建っている地域にありますが、その中でもとりわけ小さく、山門も境内もありませんから、ちっともお寺らしく見えません。よそのお寺にお参りに行って大きな伽藍《がらん》を見るたび、なんとも寂しい気持ちになったものでした。「うちはなぜ、こんなに小さいお寺なんだろう」「あのお寺はあんなにも賑わっている、大きいんだから当たり前だ」……。そのようにうらやましく思う気持ちは次第に強くなり、嫉妬と呼べるほどまでに育っていきました。

けれど、いくら嫉妬を募らせたところで、お寺は大きくはなりません。それどころか、嫉妬は自分の心を乱し、おだやかな日常生活を妨げます。このままでは良くないと思い、私は自分の心と静かに向き合ってみました。なぜ大きなお寺をうらやましく思うのか。どういうお寺になれば、良かったと思えるのか。自分のお寺はどのようなご縁で成り立っているのか。これから先、どんな方とご縁を結びたいのか。時間をかけてじっくり考えました。

すると、「あのお寺は大きくてうらやましい」というように、自分以外のところにあった興味の対象が、いつの間にか自分の心の中に移っていました。自分のいる場所、自分の置かれた立場、自分の思い。それらを落ち着いた気持ちでしっかり見つめてみると、自分がこうありたいと望むお寺像は、伽藍の大小に左右されるものではないとわかったのです。

嫉妬というのは、誰か他の人をうらやましく思うあまり、それが妬《ねた》みに変わることですが、その正体は、自分も良くなりたい、良い思いをしたいという願いです。その願い自体は、批判されるようなものではないはずです。大切なのは、自分にとって「良い」状態とはどういうことなのか、じっくり考えてみることではないでしょうか。

もし自分の心の中に嫉妬を感じたら、今の自分に何か不安や疑問があるのかもしれないと考え、意識を自分自身に向けてみてください。決して自分を責めたり恥じたりするのではありません。心を静かにして自分の思いと向かい合えば、嫉妬をきっかけにして、自分の望む姿、それを現実にするためにできることが見えてくるはずです。

自分が心から望むものを見つめよう

◉自分を卑下する心と向き合う

ありのままの自分に目を向けよう

自分を卑下して見ていると、すべての人が自分より優れていると感じてしまいます。他の人よりもかわいくない、能力的に劣っている……。誰でも、自分と他の人を比べて、がっかりしたことはあると思います。

いったい、私たちはいつからそうなってしまったのでしょうか。

幼い子どもは、自分の才能や顔の造作を人と比べて落ち込んだりはしません。それよりもっと前、生まれるとき、こんな性格に、こんな顔に、こんな才能を持って生まれたいなどとも思ってはいませんでした。生まれてきた環境、持って生まれた顔、性格、それらに疑問や不満を言うことなく、自分をまるごと受け入れて生きているのが幼い子どもです。人と比べて一喜一憂するという感覚は、あとから植えつけられたものだと言えるでしょう。

自分が人より劣っていると思えば、悲しい気持ちになるのは仕方のないことなのかもしれません。けれど、**劣っているというのは、比べる相手があるからこそ感じるもの**です。人は

自分で選べないことで人と比べるのはやめよう

誰でも完璧ではありませんし、自分以外の人は星の数ほどもいますから、いちいち人と比べていてはきりがありません。そもそも、すべての人に対して、すべての項目で優れている人など、いないのです。

自分を情けなく思ったりしたくない、自分をありのままに受け入れたいと思うなら、人と比べているうちはその願いが叶うことはないでしょう。

姿形も、性格も才能も、自分が望んで、持って生まれてきたものではありません。自分で選び、手に入れたものでもありません。すべては授かったもので、自分の心がけや努力で変えられるものではないのです。足りなくても余っていても、授かったものに不満を言ったところで、心が乱されこそすれ、決して心がおだやかに満ち足りることはないでしょう。

どうしても人と比べて落ち込んでしまうときは、それでもそうして心と体を授かり、今を生きていられることへの感謝を思い起こしてみてください。素直にありがたいと思える気持ちがほんの少しでも生まれたら、悩みや劣等感はいつしか消えていくはずです。

◉常に自分と人を比べてしまう

「人との違い」はただの違いにすぎない

私たち人間は、何かを比べることが大好きです。容姿や才能を人と比べて一喜一憂することはもちろん、昨日に比べて暑いとか寒いとか、それはもう日がな一日、何かを比べ続けて暮らしていると言っても過言ではないでしょう。でも、ただ比べるだけなら、悩むほどのことでもありません。問題は、何かを比べた結果、物事に優劣をつけ、人や自分を卑下したり、驕《おご》ったりすることにあります。そのような暗い感情は、ときには暴力的に、ときには甘い蜜のように、あっという間に心に根を張り、広がっていきます。

たとえば、同じカクテルを頼んだのに、友達に出されたもののほうが少し多く入っているように見えたとします。その量の違いに気づく、比べるというのは本来はここまでのことをいいます。けれど私たちは、どうしてもその先に「この子が私よりかわいいから、サービスされたんだ」などと、あれこれ考えてしまいがちです。

不思議なもので、このようなマイナス思考を働かせているときの集中力は、すさまじいものがあります。こんなことでは、友達との会話も楽しむことはできないでしょう。

ふつうに暮らしていれば、どうしたって様々な物事が目に入り、ありとあらゆる「違い」に気づきます。見直さなければならないのは、そのあとにわき起こる暗い感情です。

違いに気づくことは「種」、うらやましく感じたり、逆に優越感を感じたりするのは、暗い感情の「芽」です。種が芽を出し生長し、大木になる前に摘み取ってしまいましょう。そのためには、**いつも足下をよく見て、ほんの小さな芽でも、出てきたことに気づく努力が必要**です。雑草でも、背丈ほどに育ってから抜き取るのは大仕事ですが、小さくやわらかな芽のうちであれば、指で軽く摘んだだけで除くことができるものです。

足下をよく見るというのは、自分の心を見つめることです。暗い感情の種が小さな芽を出したことに気がついたら、深呼吸して、気持ちを落ち着けてみてください。比べて気づいた違いはただの違いであり、卑下したり人を見下したりするような重大なことではないことがわかるでしょう。

人を観察するより自分を観察しよう

◉自分が誰より不幸に思える

幸せは自分の中だけにあるのではない

私たちが幸せだと感じるのは、どのような状態でしょうか。仕事や恋愛が順調で、健康で毎日心配なく過ごせること、たいていの人はそのような状況を思い浮かべるのではないでしょうか。では、もし仕事がうまくいかず、恋人もなく、体の調子も悪く、何かにつけ不安や心配が絶えないとなったら、これは間違いなく不幸だと感じるでしょう。

しかし、そのような苦しい状況でも、「幸せ」だと胸を張って答える人達がいます。「世界でもっとも幸せな国」、国民の多くがチベット仏教を信仰するブータンの人々に、「幸せですか」と問うと、ほぼ間違いなくすべての人が幸せだと即答するそうです。たとえ、前述したようなつらい状況にあったとしても、彼らは口をそろえて「両親が健康でいてくれるから幸せだ」「兄の家族に子供が生まれたから幸せだ」「職場の同僚がみな仲良しだから幸せだ」と言います。彼らの幸せは、自分自身だけの中にあるのではなく、自分の周りの人を含めた大きな輪の中にあるのです。**周りの人の幸せなくしては、決して自分は幸せではありえ**

ない、ということです。これは、はるか昔、日本に伝わった大乗仏教《だいじょうぶっきょう》の教えにも通じます。簡単に言えば、人の幸せは自分の幸せ、みんなで幸せになろうという教えです。

このような考え方は、自分がこの世で一番不幸だと感じてしまうことを解決する、ひとつのきっかけにできるのではないでしょうか。

顔を上げて身の回りの幸せに気づこう

幸せを自分の内側に追求していくと、何かひとつ良くないことが起こっただけで、それまで幸せだと感じていた気持ちにヒビが入ってしまいます。そして、良くないことばかりに目が向き、自分は不幸せだと思いつめて、孤独感を募らせてしまうことでしょう。

けれど、幸せを広い外に探してみれば、いくらでも見つかるはずです。いつも顔を上げて自分の周りを見ることで、自分が幸せに囲まれて生かされていることにも気づくでしょう。

もし自分に良くないことが続いていたとしても、たくさんの幸せの中で自分が生きているということは、自分もまたその幸せの一部だということです。自分が不幸だと感じたときは、自分の周りにある幸せを探してみてください。

◉自尊心との向き合い方

おかげさまの心で自分への執着から離れる

仏教では、自尊心が強い状態のことを「慢《まん》」と呼び、煩悩《ぼんのう》であると説きます。高慢《こうまん》、傲慢《ごうまん》、慢心《まんしん》という言葉がありますが、「慢」とは自尊心が強い、プライドが高いことを指し、仏教のものの見方でも、これは非常に恐ろしいこととされています。

一方、仏教ではプライドのことを「我慢《がまん》」と呼びます。一般的には、自分自身を抑制し、辛抱《しんぼう》強く耐えるということを「我慢する」と言い、立派なこととされていますが、仏教では、**自分に執着することを我執《がしゅう》といい、自分を高く見て他人を軽視する心を「我慢」と呼ぶ**のです。

自分にこだわり、自分が正しい、自分が優れているとする生き方ほど、恐ろしいものはありません。それはやがて、我が家が正しく優れている、また、我が国は正しく優れているという考えに通じます。そのプライドが傷つけられると怒りが生まれ、他人を見下すだけでなく、他人を攻撃することにつながります。戦争がいつも、「我々は正しい、我々の国を侮辱した、許すわけにはいかない」という主張によって引き起こされてきたことを、私たちは知っています。プライドや自我の恐ろしさは、いつの時代でも変わりはないようです。変わりがないのであれば、もっと真剣に歴史から学ばなければいけません。

人間は、自分が一番好きなものです。これは、自分以外の人も同じなのです。かといって、誰も彼もが自分にこだわり、自分を主張して一歩も譲らなかったら、世の中はいったいどうなってしまうでしょうか。自分が正しい、優れているというのは、相手があり、その相手から認めてもらわなければ成り立ちません。正しいとか正しくないとか、優れているとか劣っているとかいうことは、それ自体が幻想です。自尊心が強い、プライドが高いということは、誰か他の人の存在なくしては、保つことさえできません。常に正しく、誰よりも優れているというのは、自分一人しかいない状態では決して感じえない感覚なのです。

「自分が、自分が」というところから離れ、「おかげさま」という気持ちを持つことが、このプライド地獄から抜ける近道なのではないでしょうか。

プライドは他人がいてこそ成り立つもの

◉負けることが許せない

大切なのは勝敗ではなく結果の先

思えば、私たちは生まれたときから、競争の中で生きてきました。受験でより上位校を目指したり、仕事をしても成果や給料を競い合う。負けたらおしまいのように思えるものですが、そう信じ込んでいる気持ちが、よけいに自分を追い詰めてはいないでしょうか。

でも、負けたからと言って、人生おしまいではありません。また、自分が勝ったときでも、その際に負けた人たちの人生も、決しておしまいにはなっていません。勝ち負けというのは、自分が思うほど大した意味を持たないのです。

負けることが大嫌いだという感情の本質は、勝ち負けにこだわっているのではなく、大した価値もなく、実体さえない勝負の幻想にとらわれ、自分を見失っていることにあります。負けることが本当に人生の終わりを意味するのなら、悩むことなく大いに勝ち負けにこだわればよいのです。けれど、本当はそうではない、勝ち負けなどなんの意味もないと、うすうす気づいているからこそ、苦しんでいるのではないでしょうか。

仏教では、もっとも愚かなことを**「無明《むみょう》」**といいます。これは、何もかもがわかっていると思い込み、その思い込みが真実を隠してしまうことを意味します。

実体のない、勝ち負けという妄想の迷路に入り込んでしまった自分に、まずは明かりをさしてみてください。負けたくない気持ちの奥には、勝ち続けて幸せな人生を送りたいという願望がありませんか？　つまり、負けないことと、幸せになること、この二つの願いがあるわけです。そして本当に望んでいるのは、ただ負けないことではなく、自分が幸せだと思える豊かな人生を送ることではありませんか？

豊かな人生に、実体のない勝ち負けという結果は、本当に必要でしょうか。勝負を挑む過程は歩みであり、自分自身への問いかけの連続でもあります。しかし、勝ち負けという結果は、たんなる確認にすぎず、その後の人生に大きな影響を与えるものではありえません。

豊かな人生は、**勝ち負けという妄想の迷路を抜け出たところにある**のです。勝ち負けにこだわるばかりで自分を否定していては、本末転倒ですよ。

勝ち負けとはただの結果にすぎない

◉短所の直し方

自分勝手な価値観は自分を傷つける

「悪いところを素直に認められない」という人がいます。しかし、人間に、良いも悪いもありません。そう考えてしまう時点で、良い悪いという判断を下していることになります。

良い悪いという判断は非常に主観的なものであり、絶対の普遍的な価値ではないのです。

たとえば、人を殺してはいけないということは、私たちの誰もが知っています。けれど、これは現代に生きる私たちの主観的な判断です。もし戦争が行われている最中ならば、敵国の兵士をたくさん殺した人が英雄として讃《たた》えられることがあります。もし目の前で自分の子どもが襲われていたら、それを救い出すために相手を殺さなければならない状況があるかもしれません。そのようなときも、人を殺すことは必ずしも悪とはされません。このように、主観的な判断は、時と場合によって良い悪いがコロコロと変わるものなのです。

私たち一人ひとりも同じです。たとえば、引っ込み思案で気の利いた会話ができないことを短所だと思っても、そのおかげで、人に威圧感を与える心配はありませんし、調子に乗った発言で人を傷つけることも少ないでしょう。短気で怒りっぽく、思っていることがすぐ顔に出ることが問題だと思っているような場合でも、それは潔癖で正義感が強いことのあらわれですし、裏表のない言動でまわりの人の信頼を得られることもあるでしょう。

良い悪いという判断を抜きにして、自分はどういう人間なのか、そこを見つめることが大切です。**どのような性質も、すべてひっくるめて、自分という一人の人間**なのです。

悪いところを認めなければならない、それを直さなければならないという考えが生まれるのは、良い悪いという、極めて変動的で不確かな価値観に振り回されている状態にあるためです。根拠としている、良い悪いという判断の基準自体が、常にグラグラと揺らいでいるわけですから、不安や焦りが収まり、心が静かになることはありえません。

主観的な価値観で人の良い悪いを判断することは、揺れる波の上に立ってバランスをとろうとするようなもの。そうではなく、良いと思えることも、悪いと思われることも、すべてが自分の一部であると受け入れることが大切なのではないでしょうか。

良し悪しの判断は常に変化する

◉人がほめられていると悔しくなる

意識を人から「今、ここ」の自分に戻す

私たちは自分がいちばんかわいいもの。お釈迦さまであっても、その業《ごう》からは離れることができず、「すべての方角を訪ね回ってみたが、自己よりもより愛しいものには巡りあうことはありませんでした。みんなそれぞれ自分が愛しいものです。だから、自分が幸せになりたければ他の人を害してはいけません」(『ウダーナ聖典』より)とおっしゃったそうです。

ですから、他の人がほめられたりすると、傷つき、イライラしてしまいます。自分がほめられたかったたという思いが心に渦《うず》を巻き、それが叶えられないどころか、他の人がそれを手に入れたことを受け入れられません。

けれど不思議なもので、自分とはまったく関係のない人がほめられたり、**自分が興味のないことで誰かがほめられていても、そのように腹が立つことはありません**。たとえば、スポーツ競技で多くの人からの賞賛をほしいままにするメダリストを見ても、頭にきたりはしないでしょう。また、幼い子どもがたくさんお手伝いをしてほめられた、なんていう話を聞い

ても、それでイライラすることもないはずです。

誰かがほめられているのを知って腹が立つというのは、もしかしたら自分がその立場にいたかもしれない場合に限ったことなのです。つまり、自分だってほめられてもいいはずなのに、そうならなかったということに腹を立てているわけです。

これは、「ほめられている自分」という、実現しなかった虚像にとらわれ、妄想から抜け出せなくなっている状態です。妄想を相手に腹を立てているのだとすれば、のれんに腕押し、まったく無駄なことだということは、誰でもわかることでしょう。

誰かがほめられているのを見て、どうしてもイライラしてしまうときは、その人がほめられているのは、自分にはまったく関係のないことだと考えるようにしましょう。**誰がほめられようとほめられまいと、自分の身の振り方には少しも影響はありません**。ほめられている人を見てしまうと、そこに自分をあてはめて妄想をつくりあげてしまいがちですが、幻想に執着しているうちは、心おだやかなる日々は決して訪れないものですよ。

自分と関係ないことであれば嫉妬も生まれない

小さな心から抜け出すワーク2

写経で心の枠から飛び出そう

長谷山北ノ院大行寺
英月さん
に聞きました！

お釈迦さまのメッセージ

「写経」は印刷技術がなかった昔、大事な経典をのこし伝える方法として始まったといわれています。では、写す対象である経典（お経）とは、いったい何でしょうか？

お経は基本的にお釈迦さまの説法の記録で、いつ、どこで、誰に対して、何を話したかが書かれています。つまりお経とは、お釈迦さまから私たちへのメッセージなのです。

世間には、年齢や性別など、私たちの行動をしばり、時に苦しめる様々な〝枠〟がありますが、写経をすることでお釈迦さまのメッセージに向き合い、その枠から飛び出してみませんか？　書道の練習ではないので、道具にこだわらず、やってみましょう。

「正信偈」に凝縮された教え

写経はどんなお経を写してもかまいませんが、今回は親鸞聖人が書かれた「正《しょう》信《しん》（念仏《ねんぶつ》）偈《げ》」をご紹介します。

わずか８４０字の中に、お釈迦さまの教えが凝縮されており、根底には、お釈迦さまのメッセージに出会うことのできた親鸞聖人の喜びが流れています。

お経ではない「正信偈」をご紹介するのは、時代も場所も超えて親鸞聖人に届いたメッセージが今、私たちにも届いている喜びに心を向けていただきたいから。今回はあえて原文のみを載せましたので、伝わってくるものを頭を空っぽにして受け止めてください。

全文ではなく気になった部分だけ写しても結構です。お釈迦さまからのメッセージと向き合う時間を楽しみましょう。

写経をやってみよう！

自由な心でお経と向き合い、お釈迦さまのメッセージに耳を傾けるのが写経。悩んでいるときにぜひやってみましょう。

写経は「お経を食べる」こと！

お経を一文字ずつ写すのは、その内容を一口ずつゆっくり咀嚼《そしゃく》することと同じです。ゆっくりと食べて、心を満たしましょう。食べ方は自由です。

道具にこだわらない！

写経は書道の練習ではないので、墨と筆はマジックや色鉛筆で、半紙はスケッチブックでも構いません。道具にとらわれないようにしましょう。

きれいに書くことにとらわれない！

きれいに書こうとすると、そのことばかりに心がとらわれてしまいます。字がきれいかどうかより、お経の内容に目を向けましょう。

イメージを大事にしよう！

写経は、お経をそのまま写さなくても構いません。イメージを絵にしてもいいのです。お経を目にして、心に刻まれたメッセージを大事にしましょう。

次ページの「正信偈」に直接薄い紙などを載せて写す場合は、拡大コピーしてお使いになることをおすすめします。

正信念仏偈

（一）

帰《き》命《みょう》無《む》量《りょう》寿《じゅ》如《にょ》来《らい》
南《な》無《む》不《ふ》可《か》思《し》議《ぎ》光《こう》
法《ほう》蔵《ぞう》菩《ぼ》薩《さ》因《いん》位《に》時《じ》
在《ざい》世《せ》自《じ》在《ざい》王《おう》仏《ぶっ》所《しょ》
観《と》見《けん》諸《しょ》仏《ぶ》浄《じょう》土《ど》因《いん》
国《こく》土《ど》人《にん》天《でん》之《し》善《ぜん》悪《まく》
建《こん》立《りゅう》無《む》上《じょう》殊《しゅ》勝《しょう》願《がん》
超《ちょう》発《ほっ》希《け》有《う》大《だい》弘《ぐ》誓《ぜい》
五《ご》劫《こう》思《し》惟《ゆい》之《し》摂《しょう》受《じゅ》
重《じゅう》誓《せい》名《みょう》声《しょう》聞《もん》十《じっ》方《ぽう》
普《ふ》放《ほう》無《む》量《りょう》無《む》辺《へん》光《こう》
無《む》碍《げ》無《む》対《たい》光《こう》炎《えん》王《のう》
清《しょう》浄《じょう》歓《かん》喜《ぎ》智《ち》慧《え》光《こう》
不《ふ》断《だん》難《なん》思《じ》無《む》称《しょう》光《こう》
超《ちょう》日《にち》月《がっ》光《こう》照《しょう》塵《じん》刹《せ》

（二）

一《いっ》切《さい》群《ぐん》生《じょう》蒙《む》光《こう》照《しょう》
本《ほん》願《がん》名《みょう》号《ごう》正《しょう》定《じょう》業《ごう》
至《し》心《しん》信《しん》楽《ぎょう》願《がん》為《に》因《いん》
成《じょう》等《とう》覚《がく》証《しょう》大《だい》涅《ね》槃《はん》
必《ひっ》至《し》滅《めつ》度《ど》願《がん》成《じょう》就《じゅ》
如《にょ》来《らい》所《しょ》以《い》興《こう》出《しゅっ》世《せ》
唯《ゆい》説《せ》弥《み》陀《だ》本《ほん》願《がん》海《かい》
五《ご》濁《じょく》悪《あく》時《じ》群《ぐん》生《じょう》海《かい》
応《おう》信《しん》如《にょ》来《らい》如《にょ》実《じつ》言《ごん》
能《のう》発《ほつ》一《いち》念《ねん》喜《き》愛《あい》心《しん》
不《ふ》断《だん》煩《ぼん》悩《のう》得《とく》涅《ね》槃《はん》
凡《ぼん》聖《しょう》逆《ぎゃく》謗《ほう》斉《さい》回《え》入《にゅう》
如《にょ》衆《しゅ》水《し》入《にゅう》海《かい》一《いち》味《み》
摂《せっ》取《しゅ》心《しん》光《こう》常《じょう》照《しょう》護《ご》
已《い》能《のう》雖《すい》破《は》無《む》明《みょう》闇《あん》

（三）

貪《とん》愛《ない》瞋《しん》憎《ぞう》之《し》雲《うん》霧《む》
常《じょう》覆《ふ》真《しん》実《じつ》信《しん》心《じん》天《てん》
譬《ひ》如《にょ》日《にっ》光《こう》覆《ふ》雲《うん》霧《む》
雲《うん》霧《む》之《し》下《げ》明《みょう》無《む》闇《あん》
獲《ぎゃく》信《しん》見《けん》敬《きょう》大《だい》慶《きょう》喜《き》
即《そく》横《おう》超《ちょう》截《ぜつ》五《ご》悪《あく》趣《しゅ》
一《いっ》切《さい》善《ぜん》悪《まく》凡《ぼん》夫《ぶ》人《にん》
聞《もん》信《しん》如《にょ》来《らい》弘《ぐ》誓《ぜい》願《がん》
仏《ぶつ》言《ごん》広《こう》大《だい》勝《しょう》解《げ》者《しゃ》
是《ぜ》人《にん》名《みょう》分《ふん》陀《だ》利《り》華《け》
弥《み》陀《だ》仏《ぶ》本《ほん》願《がん》念《ねん》仏《ぶ》
邪《じゃ》見《けん》憍《きょう》慢《まん》悪《あく》衆《しゅ》生《じょう》
信《しん》楽《ぎょう》受《じゅ》持《じ》甚《じん》以《に》難《なん》
難《なん》中《ちゅう》之《し》難《なん》無《む》過《か》斯《し》
印《いん》度《ど》西《さい》天《てん》之《し》論《ろん》家《げ》

（四）

中《ちゅう》夏《か》日《じち》域《いき》之《し》高《こう》僧《そう》
顕《けん》大《だい》聖《しょう》興《こう》世《せ》正《しょう》意《い》
明《みょう》如《にょ》来《らい》本《ほん》誓《ぜい》応《おう》機《き》
釈《しゃ》迦《か》如《にょ》来《らい》楞《りょう》伽《が》山《せん》
為《い》衆《しゅ》告《ごう》命《みょう》南《なん》天《てん》竺《じく》
龍《りゅう》樹《じゅ》大《だい》士《じ》出《しゅっ》於《と》世《せ》
悉《しつ》能《のう》摧《ざい》破《は》有《う》無《む》見《けん》
宣《せん》説《ぜつ》大《だい》乗《じょう》無《む》上《じょう》法《ほう》
証《しょう》歓《かん》喜《ぎ》地《じ》生《しょう》安《あん》楽《らく》
顕《けん》示《じ》難《なん》行《ぎょう》陸《ろく》路《ろ》苦《く》
信《しん》楽《ぎょう》易《い》行《ぎょう》水《しい》道《どう》楽《らく》
憶《おく》念《ねん》弥《み》陀《だ》仏《ぶ》本《ほん》願《がん》
自《じ》然《ねん》即《そく》時《じ》入《にゅう》必《ひつ》定《じょう》
唯《ゆい》能《のう》常《じょう》称《しょう》如《にょ》来《らい》号《ごう》
応《おう》報《ほう》大《だい》悲《ひ》弘《ぐ》誓《ぜい》恩《おん》

（五）

天《てん》親《じん》菩《ぼ》薩《さ》造《ぞう》論《ろん》説《せ》
帰《き》命《みょう》無《む》碍《げ》光《こう》如《にょ》来《らい》
依《え》修《しゅ》多《た》羅《ら》顕《けん》真《しん》実《じつ》
光《こう》闡《せん》横《おう》超《ちょう》大《だい》誓《せい》願《がん》
広《こう》由《ゆ》本《ほん》願《がん》力《りき》回《え》向《こう》
為《い》度《ど》群《ぐん》生《じょう》彰《しょう》一《いっ》心《しん》
帰《き》入《にゅう》功《く》徳《どく》大《だい》宝《ほう》海《かい》
必《ひっ》獲《ぎゃく》入《にゅう》大《だい》会《え》衆《しゅ》数《じゅ》
得《とく》至《し》蓮《れん》華《げ》蔵《ぞう》世《せ》界《かい》
即《そく》証《しょう》真《しん》如《にょ》法《ほっ》性《しょう》身《しん》
遊《ゆう》煩《ぼん》悩《のう》林《りん》現《げん》神《じん》通《ずう》
入《にゅう》生《しょう》死《じ》園《おん》示《じ》応《おう》化《げ》
本《ほん》師《じ》曇《どん》鸞《らん》梁《りょう》天《てん》子《し》
常《じょう》向《こう》鸞《らん》処《しょ》菩《ぼ》薩《さつ》礼《らい》
三《さん》蔵《ぞう》流《る》支《し》授《じゅ》浄《じょう》教《きょう》

（六）

焚《ぼん》焼《しょう》仙《せん》経《ぎょう》帰《き》楽《らく》邦《ほう》
天《てん》親《じん》菩《ぼ》薩《さ》論《ろん》註《ちゅう》解《げ》
報《ほう》土《ど》因《いん》果《が》顕《けん》誓《せい》願《がん》
往《おう》還《げん》回《え》向《こう》由《ゆ》他《た》力《りき》
正《しょう》定《じょう》之《し》因《いん》唯《ゆい》信《しん》心《じん》
惑《わく》染《ぜん》凡《ぼん》夫《ぶ》信《しん》心《じん》発《ほ》
証《しょう》知《ち》生《しょう》死《じ》即《そく》涅《ね》槃《はん》
必《ひっ》至《し》無《む》量《りょう》光《こう》明《みょう》土《ど》
諸《しょ》有《う》衆《しゅ》生《じょう》皆《かい》普《ふ》化《け》
道《どう》綽《しゃく》決《けっ》聖《しょう》道《どう》難《なん》証《しょう》
唯《ゆい》明《みょう》浄《じょう》土《ど》可《か》通《つう》入《にゅう》
万《まん》善《ぜん》自《じ》力《りき》貶《へん》勤《ごん》修《しゅ》
円《えん》満《まん》徳《とく》号《ごう》勧《かん》専《せん》称《しょう》
三《さん》不《ぶ》三《さん》信《しん》誨《け》慇《おん》懃《ごん》
像《ぞう》末《ま》法《ほう》滅《め》同《どう》悲《ひ》引《いん》

（七）

一《いっ》生《しょう》造《ぞう》悪《あく》値《ち》弘《ぐ》誓《ぜい》
至《し》安《あん》養《にょう》界《かい》証《しょう》妙《みょう》果《か》
善《ぜん》導《どう》独《どく》明《みょう》仏《ぶっ》正《しょう》意《い》
矜《こう》哀《あい》定《じょう》散《さん》与《よ》逆《ぎゃく》悪《あく》
光《こう》明《みょう》名《みょう》号《ごう》顕《けん》因《いん》縁《ねん》
開《かい》入《にゅう》本《ほん》願《がん》大《だい》智《ち》海《かい》
行《ぎょう》者《じゃ》正《しょう》受《じゅ》金《こん》剛《ごう》心《しん》
慶《きょう》喜《き》一《いち》念《ねん》相《そう》応《おう》後《ご》
与《よ》韋《い》提《だい》等《とう》獲《ぎゃく》三《さん》忍《にん》
即《そく》証《しょう》法《ほっ》性《しょう》之《し》常《じょう》楽《らく》
源《げん》信《しん》広《こう》開《かい》一《いち》代《だい》教《きょう》
偏《へん》帰《き》安《あん》養《にょう》勧《かん》一《いっ》切《さい》
専《せん》雑《ぞう》執《しゅう》心《しん》判《はん》浅《せん》深《じん》
報《ほう》化《け》二《に》土《ど》正《しょう》弁《べん》立《りゅう》
極《ごく》重《じゅう》悪《あく》人《にん》唯《ゆい》称《しょう》仏《ぶ》

（八）

我《が》亦《やく》在《ざい》彼《ひ》摂《せっ》取《しゅ》中《ちゅう》
煩《ぼん》悩《のう》障《しょう》眼《げん》雖《すい》不《ふ》見《けん》
大《だい》悲《ひ》無《む》倦《けん》常《じょう》照《しょう》我《が》
本《ほん》師《じ》源《げん》空《くう》明《みょう》仏《ぶっ》教《きょう》
憐《れん》愍《みん》善《ぜん》悪《まく》凡《ぼん》夫《ぶ》人《にん》
真《しん》宗《しゅう》教《きょう》証《しょう》興《こう》片《へん》州《しゅう》
選《せん》択《じゃく》本《ほん》願《がん》弘《ぐ》悪《あく》世《せ》
還《ぜん》来《らい》生《しょう》死《じ》輪《りん》転《でん》家《げ》
決《けっ》以《ち》疑《ぎ》情《じょう》為《い》所《しょ》止《し》
速《そく》入《にゅう》寂《じゃく》静《じょう》無《む》為《い》楽《らく》
必《ひっ》以《ち》信《しん》心《じん》為《い》能《のう》入《にゅう》
弘《ぐ》経《きょう》大《だい》士《じ》宗《しゅう》師《し》等《とう》
拯《じょう》済《さい》無《む》辺《へん》極《ごく》濁《じょく》悪《あく》
道《どう》俗《ぞく》時《じ》衆《しゅ》共《ぐ》同《どう》心《しん》
唯《ゆい》可《か》信《しん》斯《し》高《こう》僧《そう》説《せ》

第3章

高ぶる感情に振り回されない

松島靖朗
（法性山安養寺）

●なぜ怒ってしまうのか

「自分だけが正しい」にとらわれない

我々人間は、常にたくさんの煩悩《ぼんのう》を抱えて生活しています。大晦日、除夜の鐘は108回撞《つ》かれますが、これが人間の煩悩の数です。この108の煩悩とは一体何でしょうか。

人間の体には、眼・耳・鼻・舌・身・意の六根《ろっこん》という感覚器官が存在しています。この六根に良い・悪い・どちらでもないの3つを掛けあわせると、18になります。また、人間の体に入ってきて、本来清らかであるはずの心を穢《けが》すものとして、色・声・香・味・触・法の六《ろく》塵《じん》がありますが、これに苦しい・楽しい・どちらでもないの3つを掛け合わせると、やはり18になります。この2つを足した36に、「過去・現在・未来」の3つの世界を掛けあわせると108になります。この世に生まれてくる前、そして現在、未来までを含めて、我々の心や体を通して生まれてくる煩悩の数は、それほどまでにもたくさんあるということなのです。

そんな煩悩の中でも特に厄介なものが怒りです。**怒りは自分が認めたくないもの、寄せ付けたくないものを振り払おうとすることから起こります。**でもなかなか振り払えるものではないですから、怒りの感情はさらに増幅してしまいます。

怒りっぽい人とは、「自分が正しい」という思い込みが強く、またそれ以外は受け入れまいと常に警戒している人であり、逆に怒りの感情をうまくコントロールできる人は、たとえ自分が正しい考え方を持っていたとしても、それだけが正解ではないということを理解し、他の人の考え方も積極的に受け入れようと、心をひらいている人ではないでしょうか。

自分だけが正しいという凝り固まった姿勢をほぐすことで、自分とは違う環境で生きてきた人の考え方や、自分より若い世代の新しい感覚を取り入れることができるようになります。

怒りという感情からは、何か暴力的な働きかけをイメージしてしまいますが、実はそうではなく、**その人自身の弱さの表れ**なのです。

人間、一人ひとりは弱い存在ですが、この世に存在するすべてのものはそれ単体で存在しているのではありません。相互相関の関係の中で生きていることを理解して、ご縁のあるすべての人々への感謝の気持ちを忘れずに生活しましょう。

怒りとは、その人自身の弱さの表れである

◉怒りとどうつき合うか

怒りを他人事のように観察してみる

我々人間には「貪《とん》・瞋《じん》・癡《ち》」という3つの煩悩《ぼんのう》があります。いずれも苦しみの原因となる悪玉で、三毒《さんどく》煩悩と呼ばれています。

「貪」とは貪《むさぼ》りの心。なんでもかんでも自分のものにしたいと思う欲望です。欲しかったものを手に入れることで欲望は満たされますが、それは一時的。すぐに次の新しいものが欲しくなってしまい、際限がありません。また、「瞋」とは怒りの心。自分が嫌なものはなるべく遠ざけておきたい、それができない状態にイライラしてしまう状態です。そして、「癡」とは無知の状態。苦しみの原因が物事への執着であることを知らず、際限なく貪ったり、自分の思いどおりにならないことに怒りの感情を表したりする状態そのものです。

怒りの感情をなくそうとするなら、この三毒煩悩をなくさなければならないということになります。しかし、これは我々お坊さんであっても、なかなかできることではありません。

煩悩を断ち切ること、抑えようとすることは到底できないことなのです。煩悩はなくならないものとして正しくつき合っていくことが賢明です。では怒りの感情をなくすことはできないとしたら、どう対処すればよいでしょうか？

怒りが生まれてきたら、まずはその感情が大きくなってくることを他人事のように、「ああ、今怒りの気持ちが起こってきたな、またやってきたな」と客観的に感じてみましょう。意外とこれだけで、怒りが大きくなる前に抑えることができます。

では、「今回の怒りはなかなか収まらないな……」と思ったときには、どうすればいいでしょうか。怒っている時間は、限りある自分の人生を、怒りの対象である人や出来事に費やしてしまっている状態です。さらに、怒っている自分の状態にイライラしてしまい、より一層怒りが増幅してしまうことも少なくありません。**怒りの感情を持つということは、大切な時間をむだ遣いしているる**といえるのです。

なかなか怒りが収まらないときは、そんな状況を客観的に感じながら、時間の大切さを思い出すことにしましょう。

怒りはあなたの時間をむだにする

◉思いどおりにならずイライラする

思いがけない人生を楽しむ

この世に生きている限り、避けることのできない苦しみというものがあります。それは、「生老病死《しょうろうびょうし》」の4つの苦しみと、「愛別離苦《あいべつりく》」、「怨憎会苦《おんぞうえく》」、「求不得苦《ぐふとくく》」、「五蘊盛苦《ごうんじょうく》」の4つの苦しみを足した、8つの苦しみを指します。

「生老病死」の「生」とは生まれてくる苦しみ、「老」とは老いの苦しみ、「病」とは病魔に襲われる苦しみ、そして「死」とは必ず死ななければならない苦しみをいいます。また、「愛別離苦」とは、たとえ自分自身が元気でも、大切な家族や親しい人々とお別れしなければならない苦しみのこと。「怨憎会苦」とは憎々しい会いたくない人とも会わなければならない苦しみのこと。「求不得苦」とは求めるものが得られない苦しみのこと。そして「五蘊盛苦」とは我々人間の肉体や精神が盛んに作用し際限がない苦しみをいいます。

では、「生」、つまり生まれてくる苦しみとは具体的にどういうことでしょうか？　この世に生まれてくるときに母親の産道を通る苦しみでしょうか？　しかし、そうであれば、ほとんどの人が記憶にない苦しみでしょう。「生」の苦しみを、「生きていくこと自体が苦しい」ととらえる場合もありますが、それでは「老」「病」「死」なども含まれ、意味が薄まってしまいます。「生」の苦しみとは、誰の子どもとして生まれてくるのか、どのような時代、どのような場所に生まれてくるのかを選ぶことができない苦しみをいうのです。

このように考えると、四苦八苦の苦しみが存在する**我々の世界は、何事も思いどおりにならない世界**といえましょう。思いどおりにならない物事を、思いどおりにしたいと、まるでそれができるかのように生活してしまうことから苦しみが生まれるのです。

思いどおりにならないとすぐにイライラしてしまうときは、そもそもこの世は苦しみ、思いどおりにならない世界であると認識することから始めましょう。

人生をコントロールしようとしない

思いどおりにならないことは、逆に言えば、思いがけないことの連続ともいえます。思いがけないことが起こったときに、落ち着いて行動できるようにしっかりと準備をして、自分の人生を楽しみましょう。

◉見返りを求める心の解消法

施しは相手のことを思いながら行う

何か人にしてあげたときに「せっかくしてあげたんだから、お礼ぐらい言ってくれてもいいのに……」などと見返りを求めてしまうことは、誰にでもありますね。

我々僧侶は、檀家さんや信者さんからのお布施《ふせ》をいただいて生活をしていますが、お金をお渡しするという行為だけをお布施というのではありません。お布施には3つの種類があり、お坊さんが法を解いて真理を悟らせる「法施《ほうせ》」、お金や物などの財を施す「財施《ざいせ》」、さらには人々の不安や恐怖を取り除く「無畏施《むいせ》」とがあります。お坊さんがお経を読んで仏教を伝えることもお布施なのです。

さらにお布施には、「無財《むざい》の七施《しちせ》」というものがあります。これは、優しい眼差しで相手と接する眼施《げんせ》、おだやかな表情で相手と接する和顔施《わげんせ》、思いやりのある言葉を相手に投げかける愛語施《あいごせ》、自分の体を使って奉仕する身施《しんせ》、思いやりの心を持つ心施《しんせ》、座席を譲ってあげる床座施《しょうざせ》、雨露をしのぐ場所を提供してあげる房舎施《ぼうしゃせ》の7つをいいます。中にはみなさんが普段何気なくされていることが、含まれているのではないでしょうか。

このたくさんある布施行に共通していることは、あくまでも**相手のことを思う心から施しを行う**という点です。決して自分への見返りを求めての行為ではないのです。

何かをして見返りを求めてしまうことは、もしその見返りがなかった場合のことまで考えてしまわなければならず、せっかくの自分の行動が、実はやらないほうがよかった……という状況にさえ陥ってしまうことにもなりかねません。

また、見返りを求めて行動するということは、困っている人を利用して、自分が気分よくなりたいという、自分勝手な行動といえないでしょうか？

お坊さんでなくても、心を落ち着けるための布施行を行っているんだという気持ちで人と接してみてください。自分がその行為をさせていただけた、それだけで十分満足できる状態になれたら、とても楽しい毎日を過ごすことができるのではないでしょうか。

自分の行為は自分だけで満足すればよい

◉人を嫌いにならないために

お互いの違いを認め合えると楽になる

この世の苦しみのひとつ、「怨憎会苦《おんぞうえく》」は、顔を見るのすら嫌な人と会わなければならない苦しみのことを指します。できれば嫌いな人とは会いたくないのは、人間の本音かもしれません。

「嫌い」と言ってもいろいろです。その人の行為が嫌なのか、その人の存在そのものが嫌なのか、嫌と思っているのは自分だけなのか、だれもがその人を嫌だと思っているのか。

よく考えてみると、**嫌いということは、少なくともその人に関心がある**ということです。ですから、嫌いな人がいるときは、なぜ嫌いなのかを探ることが、嫌いという感情に向き合うための一番の近道ではないでしょうか。案外、あなたの勘違いだったり、相手もそんなつもりではなかったということはよくある話です。

「袖振り合うも多生《たしょう》の縁」という言葉があります。すれ違ったときに袖が触れ合うようなちょっとした関係であっても、その人との関係は前世からの深いご縁によって起きているのだという意味です。我々は人間としてこの世界に生まれてくる前に、地獄・餓鬼《がき》・畜生《ちくしょう》・修羅《しゅら》・人間・天という6つの世界を生まれ変わり死に変わりしてきました。この六道輪廻《ろくどうりんね》を繰り返す中でいただいたご縁によって、今生きている世界で、人々と出会うべくして出会っているのです。ですから、たとえ嫌いな人であっても、まずはご縁があったというありがたい存在であることに気づきましょう。

また、その人を好きになれないというのは、もしかすると自分だけが正しいという思い込みがあるからかもしれません。何が正しくて、何が正しくないかは時代や環境によっても変わります。自分と相手とは違う人間であることを理解し、尊重し合いましょう。人はそれぞれ違っていていいと思えれば、それだけでずいぶん心も楽になるのではないでしょうか。

阿弥陀経《あみだきょう》に「青色青光《しょうしきしょうこう》　黄色黄光《おうしきおうこう》　赤色赤光《しゃくしきしゃっこう》　白色白光《びゃくしきびゃっこう》」と、蓮の花の色を描写している箇所があります。苦しみのない極楽浄土では、**互いに違いを認め合いながら美しく輝いている**のです。我々もぜひそのような姿を見習い、お互いに尊重し合っていきたいものです。

どんな人とも前世からのご縁がある

◉怒りを口に出してはだめか

いい言葉も悪い言葉も自分に反映する

仏道修行を歩むものがしてはいけないこととして、「十悪《じゅうあく》」というものがあります。

生き物の命を奪う「殺生《せっしょう》」、人のものを盗む「偸盗《ちゅうとう》」、邪な性行為をする「邪淫《じゃいん》」、嘘をつく「妄語《もうご》」、大げさに飾り立てて表現する「綺語《きご》」、悪口を言う「悪口《あっく》」、二枚舌を使う「両舌《りょうぜつ》」、際限なく貪り欲しがる「貪欲《とんよく》」、怒り憤る「瞋恚《しんに》」、真理を知らず愚かである「愚痴《ぐち》」のことで、現代社会を生きている限り、避けては通れないものや、ついついやってしまうものがたくさん含まれていますね。

これらの行いは、「身口意《しんくい》」の3つから生み出され、「身口意の三業《さんごう》」と分類されることもあります。「身」とは身体のことで、殺生や偸盗、邪淫を生み出し、「口」とは口のことで、妄語、綺語、悪口、両舌を生み出します。そして「意」とは心のことで、貪欲、瞋恚、愚痴を生み出します。口から生み出されることが多く禁止されていますが、それほどまでに我々が口にすることには悪いものが含まれているのです。

怒りやいら立ちの感情を表に出すことは、体から悪いものを出す効果があるように思われますが、人間には口があるように、耳があります。**口に出した言葉は自分自身が、一言も漏らさずに自分自身の耳で聞かなければならない**のです。それが良くない言葉であれば、たとえ自分が出した言葉であったとしても、いい気分ではいられないのではないでしょうか。

しかし、十悪や身口意の三業をやめることのできる人間は、ほとんどいません。大切なことは、そのような悪い行為をしてしまったことを、毎日1回でいいので振り返って反省することです。私が毎日読むお経の中に「懺悔偈《さんげげ》」という偈文《げぶん》があります。「私がつくってしまった多くの悪業は真理を知らず、身体や口や心より生み出してしまったものです。すべてを懺悔いたします」といった意味のお経です。

自分の中で怒りやいら立ちの感情を大きくしないことが大切ですが、もし外に出してしまうことがあったら、そのままにしておくのではなく、寝る前に少しでよいので反省する時間を持ちましょう。1日の終わりにはいい言葉を自分の耳で聞いて休みたいものです。

1日の終わりはいい言葉を耳にしよう

●自慢話にうんざりする

「苦手」という色眼鏡をはずそう

お釈迦さまは、苦しみから逃れるための方法として、「八正道《はっしょうどう》」という具体的な方法をお説きになられましたが、その中のひとつに「正見《しょうけん》」というものがあります。これは、物事をありのままに見るということ。**自分自身の色眼鏡をはずして、起こっていることを正しく理解することが大切**だと、お釈迦さまはおっしゃっているのです。

たとえば、自慢話をする人はたくさんいますね。こちらは普通に会話していても、気がつくと「それがどうしたの？」と言いたくなるような話の展開に。これでは、聞いているほうがイライラしてきてしまいます。話を遮ったり、さりげなく話題を変えようとしても、相手は自慢してどんどん気持ちよくなっていますから、なかなかやめてくれません。

「自慢話を聞かされているなぁ」と思ったら、話をやめさせようとはせず、いったんその色眼鏡をはずしてみて、「これは自慢話を聞かされているのではない」と気持ちを切り替えてみてください。もしかすると、何か自分の役に立つアドバイスを伝えようとしているかもしれません。何か役立つヒントがないか、探ってみてはどうでしょうか。

世の中には、こちら側が聞きたい話をしてくれる人と、そうでない人がいます。その違いは、相手側にあるように思えますが、実は自分のほうに問題がある場合もあるのです。

我々は自分自身の中で、今目の前で起こっていることを認識し、判断し、反応していますが、その判断には、自分の中で知らぬ間につくりあげられた固定観念や色眼鏡が存在していいます。この人の話はいつも自慢話だと思って接していると、何を聞いても自慢話に聞こえてしまうものなのです。

出会う人すべてが自分の師匠になる

仏道修行を歩むお坊さんにとって、**「出会う人すべてが師匠である」**とは、よく言われる言葉です。すべての人から学ぶべきところは学ばさせていただく、そのような気持ちで接してみてはいかがでしょうか。とはいうものの、あまりにも自慢話ばかりするような方がいたら、本屋さんの店頭にたくさん並んでいる話し方の本などを「この本流行っているみたいだよ～」と紹介してあげるのも一案でしょう。

◉嫌なことから逃げたい

「嫌なこと」には心よりも身体で向き合う

生きていると、いいことも悪いことも起こります。過ぎ去ったことは忘れてしまうこともできますが、これから起こる嫌なことと向き合っていかなければならない場合、いろいろと考えてしまい、心が重くなってしまいますね。

嫌なことがあったときに起こる感情は、「不安」と「恐怖」に分けることができます。この2つの違いは、自分の中で嫌なことの原因や対象が具体的になっているかどうか。それがはっきりしないうちは、どうすればいいかわからず、「もう逃げてしまいたい！」と思うこともあるでしょう。

しかし、何が嫌なのか、原因さえわかってしまえば、対処法も具体的に考えることができます。対処法がわかれば不安な気持ちは薄れ、原因と向き合う気持ちは、どちらかというと恐怖心に変わっていきます。恐怖のあまり逃げだしたくなる場合もありますが、ここまできたらあと一歩。恐怖は、勇気や考え方ひとつで乗り越えることができます。

たとえば仕事で、新商品の紹介プロジェクトを任されたとしましょう。人前で話すことが苦手なあなたは、どれくらい人が来るのか、何を話せばいいのかなど、不安な気持ちになりますが、これらのことは少しずつ準備をしていくうちに対処法が見つかるので、不安は薄れてきます。あとは、当日失敗しないかという恐怖心だけ。あとは、やるだけです。

我々に、**心と身体があるのは、心（頭やこころの中）だけでなく、身体を通じて学ぶことができるから**ではないでしょうか。嫌なことと向き合わなければならないとき、心だけで考えていては、不安な気持ちが募るだけです。身体に危険が及ぶような状況では無理することは禁物ですが、身体を使って行動してみることで、不安の原因が明らかになってきます。

お経や書物を通じて仏教の世界に接することも大切ですが、仏教は体験の世界。早起きして掃除をしたり、読経したり、座禅をしたり……。なかなか身体を動かす機会のない方は、ぜひお寺を訪れ、このような体験をしてみてください。身体を動かしていると、心の中の不安がなくなっていく心地よさを感じることができますよ。

心だけで考えると不安が募る

◉人を許すには

許せない過去に折り合いをつける

「人を許す」とはどういうことか、考えたことがあるでしょうか。

難しい行為のひとつですが、いつまでも許さないでいることは「許されない人」以上に、「許したい人」にとって、つらい感情となってしまう場合があります。許せない感情を持ち続けていると、そのことが自分の中でどんどん大きくなって、せっかくの楽しい時間や睡眠の時間にまで影響を与えてしまいます。でももし、あなたが許すにはどうすればいいか考えているとしたら、あなたに相手のことを許したい気持ちがあるということです。

許すためにはまず、自分は何が許せないのかを明らかにしなければなりません。その際は、自分の中の許せない感情を、思いつくままに具体的にノートに書き出してみるというのも、お勧めです。その人の存在そのものが許せないということはあまりないと思いますので（決してないとは言い切れませんが）、もっと具体的に、「あのとき言われたことがどうしても許せない」など、その事実を明らかにしてみましょう。具体的に書き出してみると案外、大したことのないものばかりだったりするものです。

さらに言うと、「許せない出来事」はもう、すでに起こってしまったことです。**起こってしまった過去をなかったことにしたり、変えることはできません。**しかし、その出来事をどのように捉えるかは、今この瞬間からでも変えることができます。「あの人があのとき、ああ言ったのは、自分に対して期待してくれていたからこそかもしれない」、「あのとき助けてくれなかったのは、あの人も実はつらい時期だったからかもしれない」……。時間も経ち、冷静に当時のことを思い返してみると、そんなふうに思えることもあるでしょう。

過去とは「過ちが去る」と書きます。そう、すでに過ぎ去ったことなのです。いつまでも人や物事に対して許せない感情を持ち続けていることは、また別の怒りや、イライラを募らせる原因となってしまいます。

怒りの連鎖は際限がありませんし、なかなか手ごわいものです。まずは自分の心と向き合い、過去を意識して前向きな考え方で客観的に見つめてみましょう。

許す気持ちが負の連鎖を止める

◉相手の心を変えるには

人はいずれ自分から変わっていく

自分が思うように相手が動いてくれないと、ついついイライラしてしまうものです。それとなく促してみたり、時には厳しく注意してみたりすることで、一時的に変わってくれるかもしれませんが、他人に言われて仕方なく変わるようなものは一時的なもので、本当の変化ではありません。その人が自分自身で変わらなければならない理由に気づき、変わろうと行動したときに初めて、人は変わることができるのだと思います。

そういう意味では、他人である相手を変える方法というのは残念ながら存在しません。

しかし、仏教では我々が生きている世界を「諸行無常《しょぎょうむじょう》」という言葉で捉えます。これは「この世に存在するすべてのものに常なるものはない、いつまでも生き続ける生き物はいない」という意味です。そう、あえて**変えようとしなくても、自分も含めてすべての物事は必ず変わっていく存在**なのです。

我々人間は1年、いえ、1分、1秒と、どんどん歳をとっていき、寿命が尽きるまで様々なことを経験します。子どもはいつしか成人して社会人となり、結婚して子どもが生まれ父母となり……。生きているうちに自分の置かれる環境は変わり、様々な役割を担う存在となります。その中で少しずつ、自分自身が変わらなければならないことに気づくのです。

このように考えると、変わってほしい相手の姿や行為、それに対する変わってほしいという自分の気持ちは、いつまでも続くものではありません。本当に変わってほしいという気持ちがあるのなら、長い目で見守ってあげることが一番の近道ではないでしょうか。自分もそんな時期があったなぁ、懐かしいなぁと、寛容な気持ちで寄り添ってあげましょう。

とはいうものの、相手のことを思って、良い方向へ変わってほしいという気持ちは大切にしたいものです。そんなときは、「これはこうしなさい」と押しつけてはいけません。変わってくれないことを怒るのではなく、「なぜ変わってほしいのか」というあなたの気持ちをお伝えして、相手の方が、自分の中で考えるきっかけをつくってあげることはできるでしょう。あとはゆっくり時間をかけて、待ってあげましょう。

押しつけで人を変えようとするのはやめよう

身近な人への接し方

親しき仲ほど「一期一会」の気持ちで接する

相手と親しい関係であるほど、つい相手に配慮しない行動をとってしまうことがあります。この人には自分の弱さを見せることができる、またそれを受け入れてくれるという経験や期待から、八つ当たりをしてしまうという人もいるでしょう。

これは逆に言うと、ありのままの自分を出しやすい、また、出させてくれる恵まれた環境にいるとも言えますが、八つ当たりされたほうはたまったものじゃありませんね。

「一期一会《いちごいちえ》」という言葉があります。「茶会に臨む際には、その機会は一生に一度のものと心得て、もてなすもの、もてなされるもの、ともに誠意をつくしなさい」という意味です。この言葉は2つの仏教語からできていて、「一期」とは、我々人間が生まれてから死ぬまでの間、一生という意味。そして「一会」とは、会合や仏教の法要法会《ほうようほうえ》をさします。

茶会や法要、海外旅行など、特別な行事があるときほど、この一期一会の精神、相手を気遣い、その場を大切な時間にしようという気持ちになりやすいものです。

しかし、よくよく考えてみると、我々自身が人間としてこの世に受けた生は、ご先祖様やご両親がいたからこそ存在するものであり、また同じ時代を生きる人達と育まれるご縁も、たまたま同じ時代に生まれてきたからこそ存在するものです。**命のつながりという大きな視野で考えてみると、存在すること自体がありがたいものなのです。**

たとえ身内であったとしても、一期一会の精神で相手への気遣いを心がけてみましょう。

ちなみに、我々お坊さんも結婚し、家庭を持つものがほとんどです。普段は檀家さんや信者さん、拝観される観光客の皆さんにありがたいお説教をさせていただいておりますが、一番仏の教えを説くのが難しいのが、親しく存在する家族や恋人ではないかと思います。

それはなぜか？　お坊さんといっても、家族の前ではだらしない姿を見せたり、つい愚痴や弱音を吐いてしまったりするのです。そんな本当の姿を知っている家族の人間にしてみたら、「普段はあんなにだらしないのに、よくあんなお説教できるわねぇ」と思われてしまっているかもしれません。まだまだ修行が足りませんねぇ。

家族や友人こそ感謝の心を忘れずにいよう

小さな心から抜け出すワーク3

精進料理で仏教を実践してみよう

曹洞宗八屋山普門寺
吉村昇洋さん
に聞きました!

自己と向き合う野菜料理

精進料理と聞いて、皆さんはどのような料理を思い浮かべるでしょうか?

一汁三菜のお膳を思い浮かべる人もいれば、お粥とごま塩のみを思い浮かべる人もいることでしょう。おそらく、多くの方に共通するのは、肉、魚、卵といった動物由来の食材が使われていない料理ということではないでしょうか。

確かに、精進料理では動物性の食材を使いませんが、野菜でも使われない食材があります。それを〝五葷《ごくん》〟といって、ニンニク、ネギ、ニラ、タマネギ、ラッキョウなどの、ユリ科の多年草もしくはネギ科ネギ属にあたる植物を、使用することも食べることも許されないとされています。これは、その臭いから周りの修行僧の迷惑になるのと、性欲が増進してしまうのを防ぐためと言われています。

ただしこの5つの野菜は、「時代・国・思想」によって異なり、ショウガやサンショウが該当することもありましたが、日本における精進料理の礎を築いた曹洞宗大本山永平寺では使用が許されているので、私もそれに倣っています。

講演などでこうしたお話をしますと、「普通の野菜料理と何が違うのでしょうか?」といった質問を受けます。実は、〝精進〟の語にヒントがあるのですが、これは「仏道修行に励む」といった意味になります。ですので精進料理は、禅僧である私の立場から言えば、「野菜料理を食べることを通して自己に気づいていく行為」を含んだものになります。精進料理は〝料理の1ジャンル〟ではなく、食事への向き合い方を含んだ概念なのです。

皆さんも、食事を通して仏教を実践してみてください!

五観の偈とは

五観《ごかん》の偈《げ》とは、食に対する心構えを説いた詩句のこと。食事をいただく前に合掌しながら唱えて、日々の食事に向き合いましょう。

一《ひとつ》には功《こう》の多少《たしょう》を計《はか》り、
彼《か》の来処《らいしょ》を量《はか》る

二《ふたつ》には己《おのれ》が徳行《とくぎょう》の、
全欠《ぜんけつ（と）》を忖《はか》つて供《く》に応《おう》ず

三《みつ》には心《しん》を防《ふせ》ぎ過《とが》を離《はな》るることは、
貪等《とんとう》を宗《しゅう》とす

四《よつ》には正《まさ》に良薬《りょうやく》を事《こと》とするは、
形枯《ぎょうこ》を療《りょう》ぜんが為《た》めなり

五《いつつ》には成道《じょうどう》のための故《ゆえ》に、
今此食《いまこのじき》を受《う》く

（一）目の前の食べ物を生産した人々の苦労に思いを馳せ、また自分のもとへ運ばれてくるまでの経過や手間を想像してみましょう。食材、生産者、流通業者、販売者、調理をした人など、実に多くの存在のつながりによって、今眼前に置かれた食事がまたとない形で成り立っていることを知ることが大切です。

（二）このようなありがたい食べ物を受ける資格が自分にあるのかどうか、己の行いを振り返る必要があります。「自分は食べて当たり前」の存在ではなく、「食べさせて頂ける」存在であるという謙虚な姿勢から、感謝の念は生まれます。

（三）修行とは、心の汚れを清めることであり、貪瞋癡《とんじんち》（貪《むさぼ》り・怒り・愚かさ）の三毒を払い除け、克服することが大切です。食事における三毒とは、たとえば〝他の人よりも多く食べたい〟〝美味しいものを食べたい〟といった貪欲、美味しくないものを食べさせられたときに浮かぶ怒り、食べ物をいただくことの意義や食事作法の大切さがわからない愚かさなどが挙げられます。

（四）身体がやせ衰えるのを癒すための良薬と位置づけて、食事をいただきます。人は、食べ物を摂取しなければ、生きてはいけません。自己存在を根底から支えてくれているのが、まさに〝食事〟なのです。その自覚を持ちましょう。

（五）仏さまと同じ悟りに達するために、この食事をいただきます。仏さまがしておられたように、この食事を自己の仏道実践の糧にしていくことを誓って、有り難くいただきましょう。

基本のだしをとってみよう！

だしは料理の基本となるもの。丁寧にとりましょう。だしをとる際に使った昆布や椎茸は捨てないで料理に使いましょう。

昆布だし

〈材料〉
・水 ……………………… 2リットル
・乾燥昆布 ………… 30cm分（水1リットルの場合15cm）

※いろいろ試してみて、自分の料理に合った昆布を見つけましょう。ちなみに真昆布、羅臼昆布、利尻昆布などは、旨味が豊かなことで有名です。比較的安価な日高昆布は、そのまま食べる用途の昆布です。

〈作り方〉

❶ 固く絞った布巾で昆布を軽く拭きます。もし表面に白い粉が吹いていたら、それは「マンニット」という旨味の素になる糖類なので、取り除かないようにしましょう。

❷ 乾燥昆布を水に浸し、数時間置いておくと、それだけですっきりとした美味しいだしが引けます。味見をしてもう少し昆布の風味が欲しいと感じたら、弱火にかけます。

❸ 弱火にかけ、沸騰手前で昆布を引き上げたら完成です。

椎茸だし

〈材料〉
・ぬるま湯 ………………………………… 2リットル
・水 ………………………………………… 2リットル
・乾燥椎茸（ここでは冬菇）………… 3個

※作る量が1リットルの場合、椎茸は2個で。乾燥椎茸には、大きく分けて笠の閉じた冬菇（どんこ）と、笠の広がった香信（こうしん）がありますが、笠の広がり具合による違いなので、決定的な味の違いがあるわけではありません。

〈作り方〉

❶ 1時間ほど太陽光にさらしておいた冬菇を、ぬるま湯に15分程度浸し、笠のひだの汚れと、乾燥椎茸特有の臭さを除きます。

❷ 水を換え、中に軽く絞った冬菇を入れ、24時間冷蔵庫の中に入れておけば、臭みのないすっきりとした椎茸だしの完成です。

※とっただしはできる限り早く使いきること。

だしを活用してみよう！

お吸い物などには昆布だしを単独で。昆布だしと椎茸だしを合わせると旨みがふくらんで、煮物や炊き込みご飯にうってつけです！

精進のお吸い物

昆布だしの美味しさが、ダイレクトに感じられる一品です！

〈材料　2人分〉
- 絹ごし豆腐……3分の1丁
- 生わかめ（乾燥わかめでも可）……適量
- だし汁
  - 昆布だし……1カップ
  - 日本酒……大さじ3
  - 白醤油（薄口醤油でも可）……小さじ1
  - 天然塩……小さじ1

〈作り方〉

❶ 絹ごし豆腐は、サイコロ切りにしておき、生わかめは、数秒熱湯に通し、一口大に切っておく。
❷ だし汁をひと煮立ちさせたあと、絹ごし豆腐を入れて弱火で1分加熱する。
❸ 器にわかめと②を盛って完成。

※絹ごし豆腐の水分で薄まるので、だし汁はほんのちょっと濃いかなと思う程度の濃さにしておきましょう。

精進煮物

野菜の下処理で出た切れ端や皮は、ほかの料理の食材にしましょう！

〈材料　2人分〉
- 大根……輪切り2cm
- 人参……輪切り2cm×2
- 生椎茸……2個
- さやいんげん……3本
- 合わせだし
  - 昆布だし……3カップ
  - 椎茸だし……1カップ
  - 白醤油（薄口醤油でも可）……大さじ2
  - 日本酒……大さじ3
  - 天然塩……小さじ2

〈作り方〉

❶ 大根は皮をむいて半月切りにしたあと、面取りをしておく。人参は、型抜きをして飾り包丁を入れておく。生椎茸は、飾り包丁を入れておく。さやいんげんは、1分半ほど塩ゆでし、半分にカットしておく。
❷ 合わせだしの入った鍋に大根、人参、生椎茸を入れ、20分ほど中弱火で煮る。
❸ 時間がきたら火から下ろし、粗熱をとる。
❹ ❷とさやいんげんを器に盛って、完成。

※煮詰める段階で煮汁の味は濃くなっていくので、合わせだしは少し薄いかなと思う程度の濃さにしておきます。

第4章

縁に生かされている自分を大切にしよう

木原　健
（神谷町光明寺）

●自己嫌悪はなぜ起きる？

自分勝手な思い込みが自分を苦しめる

最近、自分を必要以上にだめだと感じたり、自分には何の価値もないと思い込むなど、自分を大切にできない人が増えているようです。自分が嫌になるとき、たいていは過去、自分が起こしたことや、自分に起こったことに対して、今の自分が嫌悪感を覚えています。でも、それは一体どういうことなのでしょうか。

仏教では「諸法無我《しょほうむが》」といい、「すべてのものは移り変わり、永遠に変わらない実体（我）はない」と説いています。身の回りの環境と同じように、私たちの身体も心も常に同じではなく、本来はずっと変わり続けていくものです。でも、なかなかそれをわかることはできない。もし頭ではわかっていても、自分だけはずっと変わらないと思い込んでしまう。でも、**それは自分の心が作り出す思い込みにすぎない**と仏教では考えます。

自分のものと思っている身体や心さえも変わり続けていき、ずっと変わらずにいることはできない。まして、周りの人や環境が思いどおりにならないのは当然のこと。でも、それは苦しいことです。たとえば、愛しい人とはずっと一緒にいたいと思うものですが、何かのきっかけで離れていくこともあることでしょう。本来思いどおりにならないことを自分の思いどおりにしようとし、変わらない、変えたくないという思い込みにとらわれていくことが「執《しゅう》着《じゃく》」で、そこから苦痛が生まれます。私たちの身に起こる自己嫌悪も、この執着が原因です。

ときどき「執着をなくしたい」と言う方がいらっしゃいますが、「無執着」はお釈迦さまが様々な修行を通して到達されたさとりの境地です。私たち人間が完全に執着を離れることは難しく、したがって自己嫌悪がまったくなくなるということはないかもしれません。

でも、今ご自身が抱えている執着と、どうやったらつき合っていけるか、どうやったら自分の思い込みにとらわれず、振り回されずにいられるかということであれば、仏教の教えやお坊さんの生活からいくぶんかはお教えできるかもしれません。

「**心に従わず心の主となれ**」といいます。本当に自分を大切にするには、自分の思い込みから来る心の揺れに振り回されず、自分の心を制御していくことが鍵になるでしょう。

心の揺れに振り回されない

◉自信のつけ方

今できることを自分にたずねてみる

私自身の話を少しいたしましょう。お坊さんになる前、私はひきこもりがちな青年でした。学生時代の終わりから長いこと資格試験の勉強であまり外に出なかったため、人と話すことが苦手になりました。毎日を短期バイトで食いつなぐうちに、試験勉強からも逃げるようになり、鏡を見るのも苦痛で、挨拶すらうまくできませんでした。あの頃のことを思い出すだけで、今でも手が震えてしまいます。そんな状態だったので、光明寺で〝お寺カフェ〟「神谷町オープンテラス」の運営を始めたとき、私は何の役にも立ちませんでした。

こんな自分にも何かできることはあるのか考えながら、私はいつも境内を掃除していましたが、そうするうちにお寺に来るいろいろな方が、その人なりに苦しんでいたり、不安でいっぱいなときがあるのがわかるようになりました。

自分は何もできないけれど、ここに来る人のために何かさせてもらえることはないだろうか。そう思っていたある日、参拝の方に、声をかけられました。私が挨拶を返すとお互いの顔がほころびました。相手がわかると安心する。それはお客さまも一緒。それからは挨拶を欠かさず、試行錯誤を繰り返しながら、少しずつ人と話せるようになっていきました。

あれから8年。今も話すことは苦手だし、接客もまだまだです。ただ、昔に比べればずいぶん改善され、人と向き合い、話をじっくり聴けるようになりました。今の自分を下支えしているのは日々の掃除と挨拶です。掃除や挨拶自体がもたらす効果もありますが、**「今ここでできること」を問いながら自覚を持って行ってきたことの効果も大きい**ようです。

自分だけではなくて、**縁あって出会う人やとりまく環境に目を向けて、足下の小さなことからやっていきましょう**。自分の仕事が会社の中だけでなく社会で役に立っていくことが想像できれば、どんなに単純な仕事にも工夫のしがいは出てきます。毎日の定型的な作業もあなたの大切な役割のひとつとして再認識することもできるでしょう。

その積み重ねの中で、誰かに誇る必要はありませんが、なかなか崩れない自分なりの自信がついてくるのではないでしょうか。

毎日の生活の中からできることを探そう

●マイナス思考はなぜだめか

後ろ向きな感情は自分も人も傷つける

最近、「どうしてもマイナス思考が止まらない、前向きに考えることができない」というご相談を受けました。でも、マイナス思考はなぜだめなのでしょうか。

ひとつには、自分が後ろ向きな状態で長いこと思いを抱えていると、周りの人をはからずも傷つける可能性があることが言えます。自分の身に起こった出来事を無意識に誰かのせいにしてしまうことがあったり、不満や怒りをためていたり、独りでくよくよしたり。そんな自分の気持ちは周りに伝わって、人の機嫌を悪くしてしまったり、当惑させたりします。仏教で自分ばかりを思う貪《むさぼ》りの心は水に、他者に対する怒りの心は火にたとえられます。**貪りの水に溺れることも、怒りの炎に焼かれることも、誰にとってもつらい**ことです。

それに、マイナス思考を引き起こす心のはたらきは、結果的には自分をよりだめなほうに導くものです。「どうせ自分なんて」と思う気持ちは、必要以上に傷つかないための防衛策なのかもしれません。失敗を見越して自分への期待をあらかじめ低く見積もっておけば、実際に失敗したときに、自分の中ではギャップは少なく、あまり傷つかないですむかもしれない。しかし、そのように斜に構えたままでは物事を正しく見られなくなります。目の前のことに向かう集中が妨げられ、より失敗を導きやすい条件を自分で整えてしまいます。それに失敗を見越して心の中で言い訳をしても、周りが聞いてくれるわけではありません。

だからといって、そんな気持ちは止めようと思って簡単に止まるものではありません。

そんなとき**大切になるのは、結果に向けた備え**です。もし失敗するとしたら、そのときはどうすればよいか。もし失敗しなかったときは、そのときはどうすればよいか。ご自身がどう悩んでいても、必ず結果はやってきます。心の中で悩むだけで終わらせず、具体的な対策を考えて、あらかじめ結果に備えておくこと。そうすることによってマイナス思考をいくらかでもゆるめることができるのではないでしょうか。

ただ、もし今あなたが理由あって前向きになれないのであれば、今すぐ無理に前を向いて進まなくてもいいのではないですか。少し遠くを見て、ゆっくりする時期も必要ですよ。

結果に備える構えを持とう

◉心の苦しみとのつき合い方

自分に起きていることを客観的に見よう

よく「ストレスはたまらないのか」と聞かれることがあります。もちろん私だってお葬式や大きな法要などで緊張することはありますし、たくさんの人の話を伺う中で心の疲れがたまってしまうこともあります。うまく話せなくて落ち込むことだってあります。

では、そんなときどうやってマイナス思考とつき合っているのかというと、私の場合、問題を整理することから始めます。

紙に、自分が悩んでいる内容や出来事について書き出してみます。まず、起きたことを考えて眠れないとか、自分が嫌になったなど、「自分は今、どんな状態になっているか」、次に「その原因は何か」、次に「その背景にはどんなことがあったか」、そして「では今後、どのように対策を行うか」です。こうやって**自分の手で物を書くことで、自分に起こった出来事を少しでも客観的に見られるようになります。**一瞬で断ち切るほどの即効性はないかもしれませんが、書き続けることで少しずつ問題が明らかになっていきます。また、深刻な悩みの原因が、自分でも驚くほど小さなことであることに気づくかもしれません。

苦しみの原因を分析し、解決の方法を知って行うこと。これは仏教的にも理に適った方法です。お釈迦さまの説法のあり方を「応病与薬《おうびょうよやく》」といいます。お釈迦さまは長い生涯の中で様々な場所に赴きましたが、そのつど悩める人と向き合い、その人が持つ煩悩《ぼんのう》という病の症状に合わせ、説法というかたちで、しかるべき薬を与えてくださいました。そのため、お釈迦さまはお医者さんの王、「医王」とも呼ばれています。

私たち人間はお釈迦さまのように万能ではありませんが、自分の煩悩について認識し、適切な方法で向き合い、解決策を探ることはなんとかできるのではないでしょうか。

「薬は細菌を殺したり症状を和らげたりする補助にすぎず、患者さんの身体を治すのは本人の力である」と聞いたことがあります。同じように、説法という薬も人生の問題に解決する直接的な答えにはなりません。しかし、自分に気づきを与え、問題を解決するヒントにはなりうることでしょう。

紙に書いて苦しみの原因を明らかにしよう

●年齢相応の収入が欲しい

年齢という価値観にとらわれない

年齢に見合った収入がないとお悩みの方は、多いようです。思うようにお給料は上がらないし、自分の年齢ならもう少し稼げていてもいいはずなのに……というところでしょうか。

では、年齢に見合った収入とは何でしょうか？　ご自身が今のお年になるまでに持っておられた期待と食い違っていることや、同年代のほかの人とのギャップをお感じになっているのかもしれません。そこには、成功している誰かと比べてしまう考え方があります。

年齢相応の収入というのは、考えてもせんなきことです。これまでの（特にご自身より上の）世代と比べて景気はよくありませんから、昔思い浮かべていた理想の収入とはずいぶん違う方が多いはずです。また、同じ年齢であっても、会社や仕事の内容、勤続年数や部署によって、様々に変わってくるでしょう。それをご自身で選べる余地はあまりなく、難しいことです。それでも誰かと比べてしまう。せつないですね。

今置かれているご自身の状況は、そう簡単に変わらないですよね。

そうであるなら、どのようにその気持ちと向き合うかということになるでしょう。

「無量寿経《むりょうじゅきょう》」というお経に**「少欲知足《しょうよくちそく》」**という言葉があります。欲を少なくして足るを知る。**どれだけ収入があっても、使ってしまえば同じこと**です。

お給料が入ると、少し気が大きくなったりしていないでしょうか。まずは、支出を見直してみること。そして、価値観を問い直していくこと。その先に、あなたに相応しい生活があるのではないでしょうか。

「思ったより歳をとってしまい、それでもこのくらいしかお金がなくて、情けなく思う」ということであるならば、やはり、今のご自身を見つめ直していくことが必要になるかと思われます。

人間関係はどうか、これまで続けてきた趣味はどうか。その問いの先に、お金に換算されないけれど大切なものは何か、それが自分にとってどんな価値を持っているかが見えてきます。お互いに、「少欲知足」でまいりましょう。

お金に換算されないものの価値を知ろう

◉迷惑をかけずに生きたい

人は迷惑をかけて生きるもの

小さい頃から「人に迷惑をかけてはいけない」と言われて育ってきた方も多いのではないでしょうか。「ご迷惑をおかけいたしました」という謝罪はよく使われますし、迷惑になることは控えなければいけないと思われています。

でも、具体的に迷惑とは、どんなことでしょう。実は、迷惑の実体は、はっきりわかっていないのです。わからないからこそ迷惑をかけるのが怖くなり、その結果、自分一人で判断したり、また、迷惑をかけないよう、軋轢《あつれき》を避けて過ごしたりするのかもしれません。

人は生まれてから死ぬまで、誰にも迷惑をかけずに生きることはできません。**どのようなかたちであれ、人は誰かに迷惑をかけて生きています**。まずはそのことを知りましょう。

「私は誰にも迷惑をかけずに生きている、一人でがんばっている」と思われるかもしれませんが、たとえば毎日食べるごはんについて考えてみてください。ごはんの元、稲は長い時間をかけて育てられ、収穫され、精米され、お店に運ばれます。お店で買ったお米は炊かれてはじめて、ごはんになります。そこには、自然の恵みと植物の命、そして数知れない人の労力がこめられています。どれひとつ欠けてもあなたのところには届きません。人は誰かに迷惑をかけずには、ごはんを食べることもできないのです。

この迷惑は「影響」と言い換えてもいいでしょう。私たちは様々なものごとのはかりしれないほどの影響を受け、その恩恵の中で生かされています。「影響」という字の「影」に、「お」と「様」をつけていくと、「おかげさま」になります。迷惑をかけて生きる私たちは、見方を変えれば「おかげさま」で生かされているのです。

それでも迷惑が怖いなら、迷惑を「お世話」と言い換えてみましょう。**誰かのお世話になることも、お世話をすることも、生きている限り当たり前のこと**です。あなたがいるのはお世話をかけるだけではない。あなたがお世話し、支えている存在もあるのです。

お世話をかけるときも、かけられるときも、「お互いさま」で「おかげさま」です。心地よく関わっていきましょう。

おかげさまの心を忘れない

◉愚痴や弱音をなくしたい

愚痴を言う苦しさに気づこう

仏教語で「自業自得《じごうじとく》」という言葉があります。これは「自分の行いが自分の未来を作っていく」という意味ですが、決して人を責めるためのものではなく、自分に対して使うものです。「業《ごう》」とは「行い」のことで、身体を動かして行うこと（身業《しんごう》）のみならず、口に出すこと（口業《くごう》）、心で思うこと（意業《いごう》）も「行い」であると考えています。3つをまとめて「身《しん》口意《くい》の三業」といいますが、これをいかに整えるかが弱音や愚痴を吐いてしまうことに対しては大切になります。

たとえば弱音や愚痴は口業にあたります。**言葉とは恐ろしいもので、そのとき現れる言葉が、自分に自己暗示をかけてしまいます。**愚痴を言っても楽になるのはそのときばかりで、根本的な原因は解消されません。また、多くの人は愚痴を言うときにうつむいて身をかがめますが、そのときの姿勢が首や肩に負担をかけ、身体も心も萎縮させてしまいます。**愚痴を言うことは、本当は苦しいことなのです。**

その苦しさに気づいたら、自分の言葉と身体に注意を向けて、自分の心を整えていきましょう。「いつもの愚痴を言っている」と思ったら、口に出すのを控えてみたり、愚痴を言い合うだけの人間関係から、少し距離を置いてみることも大事です。

そして、呼吸を整えます。肺にたまった空気を吐き出して、背中や首の力を抜き、ゆっくり呼吸を続けながら、心の動きを観察してみてください。自分の姿を見つめ直すと少し力が抜けてきます。その分だけ、目の前のことに向かっていくゆとりが出てくることでしょう。

私はお寺のおつとめを終えたとき、ご本尊の阿弥陀《あみだ》さまと向き合うようにしています。阿弥陀さまには表情はないのですが、日によって微妙に違って見え、悲しそうな顔をしているように見えるときは、今日の自分は少し疲れているのかなと気づかされます。手を合わせる静かな時間の中で、私は自分を省みるのです。

お坊さんだって弱音を吐くこともあるし、愚痴をこぼすこともありますが、私はこうして自分と向き合うきっかけをつくっています。

深呼吸して、身体の力を抜いてみよう

◉親を尊敬できない

自分が受けた恩を見つめ直す

仏教に「縁起《えんぎ》」という考え方があります。これは、すべての事柄は様々な条件が互いに縁り合って起こっているということです。この縁起から考えると、**親も子も一人では成り立ちません**。ご両親がいなければ、あなたはこの世にいない。それと同様に、あなたがいなければ、ご両親もいないのです。

あなたが産まれたとき、ご両親もはじめて親になります。あなたが3歳なら、親御さんも親としてはまだ3歳。あなたが成人してはじめて、親御さんもあなたの親として成人する、ということです。自分を産み育ててくれた親も、縁起からするとあなたと同じ年齢です。親だからといって万能な人はどこにもいません。悩み、苦しみ、喜びながらあなたのそばで生きてきたとても身近な人なのです。

お釈迦さまは、自分がこの世に生まれる縁となっただけではなく、育てて一人前にしてくれた父母を敬う大切さを説いています。

しかし、今日のような複雑な家庭環境の中では、親御さんとの関係に苦しんでいる方も多いことでしょう。どう考えてみても、親御さんとのことで苦しんでしまうという人は、ご自分が受けた恩に目を向けてみてはいかがでしょうか。

インドでは恩を「クリタジュナ」と言いました。「なされたことを知る」というのが語源です。ご自分がご両親からどんなことをしてもらったか。まずは思い出してみましょう。

仏教での**恩は「返す」より、まずは「知る」もの**です。そもそも、人は人に完全な恩返しをすることはできません。これまでかけてもらった愛情も時間もお金も、そのまま返すことはできない。それに、ご両親もそれを望んではいないでしょう。

それならば、今のあなたができる形で、身近な方に振り向けてみてください。

パートナーやお子さんなど、身近な方を大事にしましょう。その過程で様々な喜びや苦しみを味わうと思いますが、そのことが、親御さんへの思いもご自分への考え方も、より深いものに変えてくれることでしょう。

「親だからこうあるべき」という考えはやめよう

◉自分の居場所がない

今いる場所に敬意を払おう

最近よく、「精神的な居場所が欲しい」と耳にします。この言葉は、「誰かに必要とされたい、その実感を持ちたい」という願いから発せられた、切実な問いではないでしょうか。

これはつまり、「どこにいても、ここにはいないような気分がする」ということです。そんな気分のときは、お寺に参詣してみるのはどうでしょう。はじめてのお寺には入りにくいかもしれませんが、そのときは本堂の扉が開いていることを確認して、敬いの心を持ってお寺にご参詣ください。

お寺は昔からその土地にあり、お葬式や行事だけでなく、様々な活動を通じて、長い間地域の人たちの心を支えてきたものです。そして、支える人たちの思いがなければお寺は続いていくことがまったくできません。仏さまを心のよりどころにして生きてきた人たちがお寺を活かしてきたのです。時代が流れても、そのあり方は基本的に変わりません。

お寺と同様に、**あなたもいろいろな縁に包まれています**。孤独で寂しいと思うとき、居場所がないと思うとき、それでもあなたを支えているはたらきがあることを、身近なお寺や、ご家庭のお仏壇からも感じ取ることができるかもしれません。

また、**精神的な居場所を作るためにも、今いる肉体的な居場所を大切にしましょう**。そのためにも一度お寺に足を運んでみてはいかがでしょうか。お寺は本来、居心地がよいところです。朝の本堂は静かで、外から差し込む自然な光があり、掃除が行き届いています。ただ、お寺は自然にきれいになるわけではありません。そこには必ず人の手があり、仏さまがいらっしゃる場を大切にしようとする人の気持ちがこめられています。

昔から「お寺に来た人はお土産を持ち帰ってほしい」と言われています。お寺で聞くお経や説法だけでなく、お寺の雰囲気、いい香り、親切な対応など、何かひとつでも心に残るものがあれば、ご自身の中に持ち帰り、活かすようにしてみてください。そうすることで、今いる場所を大切にすることができるのではないでしょうか。今いる場所を大切にすることができれば、そこにいるご自分も大切にすることができるようになることでしょう。

孤独に疲れたらお寺に行ってみよう

◉自分に生きている価値はあるのか

生きていることで生まれる価値がある

先日、インターネットで、「あなたの市場価値を無料で診断します」という広告を見かけました。好奇心で診断を受けてみたのですが、すぐにエラーが出てしまいました。「僧侶」という欄がどこにも用意されていなかったのです。どうやら、転職市場における私たち僧侶の価値は0円のようです（笑）。

さて、自分は生きている価値がないと思う方がいます。本当におつらいことでしょう。でも、生きている価値とは何でしょう。冒頭の広告のように、年収や年齢、様々なステータスがあなたの価値を判断しますが、その価値基準はどこまで公平なものなのでしょうか。会社が変われば必要とされる能力も変わるし、評価の基準も変わっていくものですよね。

そもそも、何かの都合で変わっていく価値はそんなに大事なものなのでしょうか。その人を表す一部分にすぎないところが大きく取り上げられてしまい、結果として生きづらくなってしまうばかりではないでしょうか。

人はみな、等しく価値がある

阿弥陀《あみだ》さまは、すべての人を救う仏さまです。阿弥陀さまの目から見ると、**誰もが価値のある人で、誰もが平等に救われていく存在**なのです。でも、この世を生きていると様々な局面で人と自分を比べずにはいられなくて、「みんな等しく価値がある」ということは、どうしても忘れられてしまいます。

仏教では「縁起《えんぎ》」という考え方を大切にしています（P122参照）。人も物も出来事も、すべてが相互に関係し合ってできているものです。

ひとつでも条件が違えばこの世にいない私たちが、今こうして生きていること、それ自体がかけがえのないことです。どんな小さなことも関わり合っており、人は自分の力で生きているわけではなく、むしろ縁の中で人は生かされているのです。

価値がないようにご自身が思われる状態でも、**あなたがいることで生まれる価値もある**ということを心にとめておいてください。

死にたくなったら

人生は凸凹道で平坦な道はない

仏教に「一切皆苦《いっさいかいく》」という言葉があります。しばしば「すべてが苦しい」と解釈されがちですが、あらゆることはみな、そもそも自分の思うようにはならないことを表す言葉です。この言葉を、私が知っている仏教の先生は「**人生は凸凹道**（Life is a bumpy road）」と表現されました。私たちの人生はそもそも平坦ではないのに、自分の道だけは平坦で歩きやすいものと思い込んでしまいます。そう自己中心的に思い込む心の働きが煩悩《ぼんのう》です。

そして、あるときつまずいてショックを受けます。「こんなはずではなかった」というように。ここで、人生が凸凹道とわかっていたら、私たちはどうするでしょう。

凸凹の道を見渡し、靴をはきかえて注意して歩くことでしょう。つまずいて転ぶことがあっても、平坦だと思って歩いていたときほどショックは受けません。それに、凸凹道を歩くことを楽しむ方法も見つかるかもしれません。長い坂道はただ苦労だけではなく、運動の一環と取ることもできることでしょう。同じ道でつまずくこともあるけれど、前よりうまく転べるかもしれない。つらいことで傷つけられることもあるけれど、その経験のおかげで、同じように傷ついている人の痛みがわかるようになるかもしれないし、歩いた経験をいつかあなたが他の人に伝えられるかもしれない。

人生は凸凹道で思ったとおりにはなりません。ですが、凸凹道を覚悟して歩くのも悪くない。気が向いたらまたぼちぼち歩いてみませんか。

とはいえ、どうしようもなく苦しいとき、命を絶ってすべてを断ち切ってしまいたいと思うお気持ちが浮かんでくる。その思いをを否定することはできません。

ただ、ひとつ心にとめていただきたいのは、人間はいつか必ず、命を終えていくということです。人間の死亡率は１００％。**命を終えてこの世を去るときは誰にもやって来ます。その前にあわてて命を絶つこともない、**と思うのです。

何もかも断ち切れたりはしませんが、経験から学ぶことができれば、それでいいのではないでしょうか。かっこうわるくてもいいから、生きていきましょう。

どんなに苦しいこともいつかは終わる

小さな心から抜け出すワーク4

掃除で心を落ち着け清めよう

神谷町光明寺
松本紹圭さん
に聞きました！

部屋に心が表れる

お墓参りのときなどにお寺に行ったとき、よく掃き清められた境内がきれいだなあ、と感じたことはありませんか？

これは、お客様をお迎えするためももちろんですが、お坊さんにとって、掃除は大事な修行のひとつだから。

お釈迦さまの仏弟子には、「ちりを払い、垢を除かん」と唱えながらひたすらほうきで掃き続けて、悟りを得た人もいます。仏教では、掃除は「汚れているからする」ものではなく、「心を磨く」修行なのです。

この心は古くから日本に根づいています。学校で子どもたちが自ら掃除をするのは、その表れ。欧米では、こうしたことはほとんどありません。私たちは子どもの頃から、掃除に単なる作業以上のものを見出す心を、教えられてきたのです。

掃除をするとゴミが出ますが、ゴミは最初からゴミだったわけではありません。

人はあらゆるものとの「縁」の中で生きていますが、これには物も含まれます。物を大事にできない人は、人を大事にすることもできません。

だからと言って、ただしまい込むのでは、物がかわいそう。自分にはもう必要ないけれどまだ使えそうな物は、感謝を込めて、物が活躍できる場所へ送り出しましょう。

物の扱い方は、あなた自身の心の扱い方の表れです。部屋が雑然としていれば、あなたの心が落ち着かないのは当然のこと。常に整理整頓を心がけて、心を磨きましょう。

掃除の心得

基本は「あるべきものが、あるべきところに、あるようにして、ある」こと。使ったらもとに戻すことを心がけましょう。

朝一番に掃除しよう！

朝の掃除は心に余裕を生み出します。掃除の前は空気を入れ換え、朝の冷たい空気で心を引き締めましょう。

逆に、夜寝る前は1日使った物をもとの場所に戻して、身の回りを片づけてください。

できる限り殺生は避けよう！

ゴキブリやハエが苦手な方は多いですが、できる限り殺生せずにおきたいもの。それには、虫が部屋に来ない暮らし方を工夫することです。洗い物を放置せず、生ゴミを一食ごとに片づける。それだけで変わってきます。

明日に持ち越さない！

今日使った物は今日のうちに片づける。これは掃除だけでなくすべてのことにおいて同じ。「今日できることは今日やる」ようにしましょう。

放っておくと部屋も心も汚れ、先に延ばせば延ばすほど、落ちにくくなります。

余計なものを持たない！

どんなに片づけても、また次から次へと物を増やしたら同じこと。物を大事にする心は、大事にしたいと思える物に出合うことで育ちます。

物を買うときはよく吟味して、本当に必要な物だけにしましょう。

小さな心から抜け出すワーク5

暗闇ごはんで いのちと 向き合おう

緑泉寺
青江覚峰さん
に聞きました！

食事はいのちとの真剣勝負

薄暗闇の中で、アイマスクを着けて食事をとる。これが、私がお寺で行っている「暗闇ごはん」です。

私たちは他の生き物を殺し、あるいは摘み取ってそのいのちを奪うことでしか生きることができません。食事は、いのちといのちの交換。まさに真剣勝負の現場なのです。

しかし、一生懸命食べることは簡単ではありません。日々を思い返してみてください。時間や人とのコミュニケーションなど、食事とは違うことに意識が向いていませんか？　食事をとりまく環境が豊かであればあるほど、食事以外の情報が多く、自分の活力に替えるいのちと一対一で向き合うことは難しいのです。

どうすれば一生懸命食べる環境が得られるのか。それを考え続けた結果、たどり着いたのが「暗闇ごはん」です。

視覚のない状況では、食べ物以外の情報は最小限。食べ物を口に運びながら、まず鼻で匂いを感じ、唇で温度を感じ、舌に乗せたあとは、味、食感、歯ごたえや噛む音、喉越しの感触など、その食べ物が何であるかを探ろうと意識を集中し、まさに一生懸命に食べるのです。

食と自分とが一対一で向かい合い、それまで気づかなかった味わいに気づくと思います。いのちである食材に対する感謝と、謙虚な気持ちでそれをいただく心構えとが、自ずと生まれてくることでしょう。

アイマスクがなくても、手ぬぐいで目隠しをする、帽子を目深にかぶるなど工夫すれば、ご家庭でも「暗闇ごはん」が再現できます。

一生懸命食べることで食と向き合う。それが「暗闇ごはん」です。

第5章

出会いと別れの中で生きていくために

英月
（長谷山北ノ院大行寺）

◉他人と関わらずに生きられるか

人は出会いの中でしか生きられない

私のいる大行寺《だいぎょうじ》には、たくさんの種類の椿《つばき》があって、とてもきれいです。この椿が、椿として存在するためには、何が必要でしょう。まず、根を張るための地面。その根っこからは、水や肥料を、葉っぱからは日光を吸収します。もちろん、空気も必要です。

では、椿とは何を指すのでしょうか。根っこから葉っぱまでの椿全体？　でも、椿は地面や水、肥料、日光と空気などがないと存在できません。つまり「条件」が整って初めて、椿として存在できるのです。もっと言うと、水や日光も椿の一部になってしまいます。

椿を「人」として考えてみましょう。あなたがあなたとして今、ここに存在しているのは、無数の「条件」が重なり、交わり、整って、初めて可能となります。人生のスタートでさえそうです。両親が出会ったという「縁」があって、今のあなたが始まった。もっと辿れば、祖父母の出会い、祖父母の両親の出会いと、縁がずーっと繋がっているのです。

椿も私たちも、あらゆる存在は、その縁によって生まれ、そして存在しています。つまり、

「私」という存在を支えているのは縁なのです。他のあらゆるものと縁で繋がり、存在している。だからそれ独自、**つまりあなただけでは存在できない**のです。

生まれてから今まで、多くの人との出会いがあったと思います。嬉しい出会いも、嫌な出会いも、それによって、少なからず影響を受け、出来上がったのが今のあなた。多くの出会いによって、形作られている。そう、あなたはあなたであって、あなたではない。水や日光が椿の一部になるように、好きなあの人も、嫌いなあの人も、あなたの一部なのです。

空気の中でしか生きられないように、出会いの中でしか私たちは存在できません。仮に一人で生きていけたとしても、それは出会いのない人生です。寂しいだけでなく、本当に「生きた」と言えるのでしょうか。いのちをいただいてよかった、生まれてよかった、と言えるでしょうか。今一度、あなたにとっての「生きる」とは何か、向き合ってみませんか。

おすすめなのは、ご縁をいただいた人たちの名前を手帳に書き出し「ありがとう」と思えることを、箇条書きにすることです。とても嬉しい気持ちになりますよ。

出会いの縁の連鎖で人は存在する

◉人が生きていかねばならない理由

自分の思いを超えた生と向き合おう

生きていればどうしても嫌なことに遭遇します。そういったとき、「こんなつらい思いをしてまで、なぜ生きなければいけないんだろう」と思ったことがある人もいるでしょう。

かつて私が働いていたアメリカのカフェのオーナーは、ポル・ポト政権下にキャンプに収容され、奇跡的にいのちを繋ぐことができたカンボジアからの難民のご夫婦でしたが、「当時はねずみが捕れたらご馳走だった」とおっしゃっていました。食べていのちを繋ぐことだけを考えているような生活の中では、「生きる理由」を問えることとは、贅沢なことなのです。

けれどもそうした国ではなく、日本という恵まれた国で生活していても、いえ、恵まれた国だからこそ、つらいこと、嫌なこと、悲しいことはあります。それが最悪のタイミングで襲ってきたりしたときに「どうして生きていかなければいけないのか」と思ってしまっても、それは決して贅沢な悩みとは言えません。

イギリスの登山家が「なぜ、あなたはエベレストを目指すのか」と問われて、「そこに山があるから」と答えたというのは有名な話です。それと同じく、「なぜ生きるのか」と問われれば、私は「いのちをいただいているから」としか、答えられません。

自分で作り出したいのちではありません。自分の思いとは別に、もらってしまったもの。生まれる場所も、時代も、性別も、そして遺伝性の病気まで、そこには一緒についてきます。たまたまいただいてしまった、このいのち。ですが、いつの間にか、生きていることが「あたりまえ」に、なってしまってるんですね。その「あたりまえ」ではないのに「あたりまえ」になっていることに疑問を持ち、なぜ？　と立ち止まれたことは、とても幸せなことだと思います。なぜなら、いのちと、もっと言えば、その**いのちと繋がる死とまでも、向き合っている**からです。

人生は旅と同じです。旅が心から楽しめるのは、帰る場所があるという安心感があるから。帰る場所がない旅は、旅ではなく失踪になってしまいます。人生もそう。還る場所、つまり死が定まると、生きるということが定まり、そして生が輝きます。

「あたりまえ」の価値観を見直そう

◉友達が少なくてはだめなのか

友人の「数」よりも「ご縁」に感謝しよう

10年近く暮らしたアメリカから帰国する前、友達がパーティーを開いてくれました。集まってくれたのは、100人以上。そのときふと、中学生の私がこの光景を見たら、どう思うだろう、と考えました。私は決して、友達が多いほうではありませんでしたから。

けれども、そもそも「友達」とは、どういう存在なのでしょう。

今は実際に会ったことのない人とも、ネット上で簡単に友達になれる時代です。かたや、私がアメリカ生活で出会った日本人の友達は、異国で生きていく仲間として、家族のような存在でした。同じ「友達」という言葉でも、その意味合いはまったく違います。

「友達」という言葉の受け止め方は、人それぞれだ思いますが、なぜ、友達がいなくてはだめだと思うのでしょうか。だったら、何人いれば、いいのでしょう。10人？　100人？それでは友達という他者との関係を築き楽しむことよりも、ただ数にこだわることになってしまいます。また、困ったときに助けてくれる友達、一緒に楽しめる友達と、今度は自分にとって都合のよい人や、その内容にこだわることになります。**「友達がいない＝自分はだめだ」なのではなく、どうして、そう思うのか？** そのことが問題なのです。

人は、他者と自分を比べます。比べないと、自分の立ち位置がわからないからです。「私はAには負けているけれど、Bには勝ってる」「私はAにもBにも勝った」「私はAにもBにも負けた」……。他人を基準にして、自分をはかる。けれども比べることにより、勝れば驕《おご》りが、劣れば妬《ねた》みが顔を出し、苦しみが生まれます。そうして比べることで、多い、少ないという「友達」を考えるうえでは些末《さまつ》なことが、大事なことに変わってしまう。悲しいな、と思います。

友情は儚《はかな》いものです。些細なことで、簡単に壊れます。それは、人生に似ているかもしれません。いのちは儚く、どんなに長生きしても、200年も生きた人はいません。怪我をし、病気になり、必ず死にます。でも、だからといって人生を放棄しますか？ **友情は儚い、だからこそ今ある友情を、出会えた縁を喜べるのではないでしょうか。**

友情は儚いからこそ尊いもの

◉人を心から信じられない

「信頼」は自分がつくりあげた妄想の柵

たとえばあなたが、Aくんに恋をしたとします。「Aくん、大好き。ずっと一緒。この気持ちは変わらないわ」。でもその後、Bくんと出会って同じことを思い、しばらくするとCくんと出会って同じことを思い……。極端な話ですが、「命かけても」と思った相手でも、時が過ぎ、環境が変われば、「あなたのためには、死ねない」になってしまいます。

そう、絶対と言った自分の気持ちさえ、簡単に変わってしまう。悲しいかな、自分の気持ちでさえ、信じられない。**自分を信じられないのに、人を信じることができるでしょうか？**

人間は確かなようで、とっても危うい感情の橋を渡りながら生きています。少しの風であちこちに揺れる。「裏切られた」「信じられない」、そう人を判断するのは簡単です。けれどもそれは、その人の意思だけではなく、環境が縁となって、現れた結果にすぎないのです。

人はどうして、人を信じたいのでしょうか。そもそも、何をもって信じると言うのでしょう。ちょっと乱暴な言い方になりますが、自分に都合のよいことは信じて、都合の悪いことは信じていないのではないでしょうか。買い物でも「ここのお店を信用している」と言うのは、そのお店のポリシーが自分の考え方に合う、つまり自分にとって都合がいいのです。「信じる」。とてもきれいに響く言葉ですね。けれども信じることによって、相手を自分の中で、私の信じている範囲の行動をするだろう、と精神的に縛っていませんか？　その見えない柵《さく》から相手が出ると、「裏切られた」「信じていたのに」となり、苦しむ。わざわざ自分が苦しむために、柵をつくる必要があるのでしょうか。結局は、他人のためにつくった柵に、自分の心が囚われてしまうのです。

所有は苦しみの始まりです。失う恐怖が、常につきまといます。そもそも他者を所有することはできません。肉体的にも精神的にも、です。

人間は信じたくても信じられない、危うい存在なのです。その危うい自分が、同じく危うい他者と向き合い、出会っている。その出会いを喜ぶことが少しでもできれば、見えない柵を未来につくることも、ないのかもしれません。

人との出会いそのものに感謝しよう

ネットの人間関係は本物？

人の気持ちは環境を超える

「バーチャルの関係は築けるのに、実際の人間関係はうまく築けない」という若い人が多いようですが、果たしてそれは事実でしょうか。自分は築けていると思っても築けていないかもしれませんし、逆にリアルな人間関係のほうが、実は築けているかもしれません。

バーチャルとリアルの大きな違いは匿名性《とくめいせい》にあるといわれています。けれどもフェイスブックなどでは、匿名性は薄れています。では何が違うのか。それは体温です。

アメリカから帰国して、淋しいと思うことの一つにハグがあります。渡米当初は、「It's gonna be ok.（大丈夫、なんとかなるから）」と友達を抱き締める光景に違和感を覚えました。そんな無責任な根拠のない言葉で、現実の痛みから救われるのかと。けれどもハグをされると、自分に寄り添ってくれている人の存在を、体温で感じることができるのです。

言葉は大事です。けれども言葉を超えた、体温を通して伝わる気持ちは、とても嬉しいもの。それはバーチャルではできません。しかし、**人の気持ちを伝えるという点では、バーチ**

ャルもリアルも同じです。共通点は人ですから。けれども環境や条件が、違うのです。

私はアメリカで生活を始めたとき、まったく英語ができませんでした。言葉という道具を失ったとき、言葉の大切さとともに、言葉を超えた気持ちの大切さを痛感しました。苦手な英会話で細かい内容は伝わらなくても、気持ちが通じてお互い笑顔になることがあります。反対に、日本人同士でも言葉の行き違いからケンカになることもあります。言葉を過信し、音として聞いていても、内容を聞いていない。気持ちが疎《おろそ》かになっているのです。言葉は環境を選びます。けれども、**人の気持ちは環境を選びません**。

仏さまの教えもそうです。2400年前のインドで、お釈迦さまが明らかにしてくださった教えが中国に渡り、日本にまで届いた。時代も場所も超えて、伝わってきたのです。もちろん翻訳は行われましたが、環境を選んでいないのです。

そして、その教えは人を通して伝わった。人の気持ちを通して、伝わってきたのです。

バーチャル、リアル、その根っこは同じ、人の気持ちなのです。

どんな人間関係も根は人の気持ちである

恋人はどうしたらできる？

「縁」が整ったとき恋は始まる

「どうしたら恋人ができますか」と聞かれたことがありますが、正直なところ、そんな方法があるのなら、私が教えてほしいくらいです（笑）。

「恋をしてる」「恋に落ちた」……いろいろな言い方をしますが、果たしてそうでしょうか？ たとえばあなたの理想にピッタリで、相性も合う人がいたとします。けれども、その人と実際に会う機会がなければ、恋を始めるどころか、その人の存在さえ知らないまま。

そうです。**自分の意思で恋をしているように思っていますが、実は違うのです。**

たとえば職場で出会ったとしたら、その職場に勤めることができた背景を考えてみてください。誰かの紹介であったり、そこで働くのに必要だった資格、その資格を得るのに行った学校……。複雑に絡まりあった糸をゆっくり手繰《たぐ》っていくと、すべてが繋がっています。そしてその繋がりは、多くの人によってつくられたものです。家族、友達、知っている人、知らない人。そんな中で、出会う環境としての場が整えられたわけです。

そこにさらに、感情が加わります。ミスをフォローしてくれた優しさ、もしくはミスを厳しく指摘してくれた頼もしさ。この場合の受け止め方の違いは、それまでの環境の違いです。以前の恋人が厳しい人だったから、優しさに惹《ひ》かれたのかもしれないし、優柔不断な恋人といたから、厳しさに惹かれたのかもしれません。もしくは、両親の影響かもしれません。感情さえも、周りの環境によって簡単に変わってしまうのです。

恋をする場所も、感情さえも、自分の意思とは違うところで整えられています。そう思うと「恋をしている」のではなく、正しくは「恋をさせられている」のです。

では誰に？　と言いますと、これは条件なのです。生まれた場所、時間、性別、両親、通った学校、職場……。これを縁とも言いますが、それが複雑に絡まり合い、その中で誰かと出会う。なので縁さえ整えば、恋をする対象と思えないような人とも、恋に落ちます。

そうなのです。あなたが望もうが望むまいが、**縁が整えば、そのときのあなたにピッタリの恋人ができてしまうのです**。そして私にも、ですね。

縁は自分の意思とは関係なく整えられる

◉失恋の理由がいつも同じ

恋人を心の拠り所にしない

恋人との別れはつらく、悲しく、苦しいものです。時には、嬉しいこともあるかもしれませんが。それでも、つき合った人というのは、感情を重ね、共に時を過ごした大事な存在です。その存在は、あなたの「心の拠り所」になっていたでしょう。

恋人だけではなく、私たちは多くのものを、知らず知らずのうちに拠り所にしています。家族、仕事、お金、健康、若さ……。けれども、そのどれもが**永遠ではありません**。

たとえば、仕事。私はかつて都市銀行の本店で働いていましたが、それがちょっとした自慢でもありました。けれどもアメリカから帰国すると、銀行がなくなっていた。ショックでした。自分でも気づかないうちに、退社後も、その過去を拠り所にしていたのです。

恋人と「同じような別れ方をする」ということは、「拠り所からの離れ方」が同じ、ということです。離れ方は、自分から離れる場合と、相手が離れていく場合の2つがあります。

後者の場合は、たまたまです。自分や相手に原因を求めようとして、それでも原因がわからないとき、人は方角だの運命だの、他のものに原因を求めますが、原因はシンプル。たまたま条件が重なって、そうなっただけです。

次に自分から離れる場合。これは、今の拠り所が永遠ではないと気づいた場合です。恋人が拠り所ではないのは、当然です。仕事がそうであるように、一時期の拠り所にはなっても、永遠ではありません。けれども、拠り所を恋人に求め続けているのなら、それは青い鳥を探すようなもの。自分の足りない部分を恋人、青い鳥の持つ幸福で埋めてもらおうとするのはやめましょう。**自分の足りない部分、それは自分の特性、魅力です**。

あなたが今、素敵な恋愛をしていたら、きっと今までの別れ方を気にはしないと思います。別れ方にこだわるのは、原因に理由付けが欲しいから。すべての恋愛に共通する別れの原因は、縁が整った、つまり別れる条件が揃っただけなのです。それが事実です。

終わった恋愛を思い出し味わうのも、楽しいかもしれません。けれども、それに意味を求める必要はありません。それはあなたが仮想した意味であって、事実ではないからです。

理由を思い返すよりその事実を受け入れよう

◉愛していいのは一人だけ？

思い込みという「我」と向き合う

複数の人とつき合ってしまうことを悩む人がいますが、「つき合う」の定義は人それぞれ。「縁が整って初めて出会いがあり、人間関係が成立する」というように（P144参照）、たとえあなたが何十人とつき合おうと、その関係が成り立っているのなら、それは双方にとって、取り立てて問題ではありません。なんて、ちょっぴり暴言ですね。

恋愛にルールはありません。人と人との出会いには、人間の都合で決めたルールを超えた縁があります。もちろん、みんなが社会生活を気持ちよく送るうえでのルールは大事ですが、ここでの問題はその状態ではなく、その状態を問題だと思っていること。あなたが、それによって苦しさを感じていることが問題なのです。

ではどうしたら、その精神的な苦しみを取り除くことができるのでしょうか？

その状態に不安を感じているのなら、その原因はあなたにしかわかりません。ですから、不安を感じているという、その事実に向き合いましょう。

その不安、心が押し潰されそうになる苦しみは、残念ながら取り除くことはできません。お釈迦さまにも無理でしょう。たとえ今、あなたの目の前にある不安、悩み、そういった苦しみを取り除いても、別の不安が次から次へとやってくるからです。仮にあなたが一大決心をして、つき合っているすべての人と別れても、また別の複数の人たちとつき合うでしょう。それはなぜか？　問題は、あなたにあるからです。

実は、この**「不安」は、あなたの問題を解決するためのギフトなのです**。人が不安を感じるとき、ありのままの現実の自分に向き合います。登山中に不安を感じたら、地図で現在地を確認し、置かれている状態を客観的に見ようとしますよね。この方角で合っているという思い込み、それをちょっとの間捨てて、地図という真実の上に自分を置いてみる。そして、それによって遭難から免れ、いのちが救われます。つまり「我」を手放そうとするのです。

今の状態に不安を感じているのなら、それはあなたにとってチャンスです。そこから逃げるなんて、もったいない！　不安という名のチャンスを正面から受け止めてみましょう。

心の不安は救いのチャンス

◉本当の自分を人に知ってほしい

自分自身の存在を受け入れよう

「自己紹介と言えるほどの自己はあるのか」

これはある勉強会で、僧侶の方がおっしゃった言葉です。出身地、学歴、仕事、興味を持ったこと、それらを時系列的に話すことはできても、自己を紹介できるほど、果たして自己と向き合ったことがあるのか。**他人にわかってもらう前に、自分は自分をわかっているのか。**この言葉を聞いて、愕然《がくぜん》とした記憶があります。

人は自分自身に対してでさえ、そんな状態なのです。まして他人に対しては、自分の見たいようにしか見ていません。

自己をわかっていない自分を、他人をわかろうとしない他人に対して「本当の私はこんな人ですよ、わかってくださいね」と言う必要があるのでしょうか。そんなこと、やめてしまいましょう！　と言うのは簡単です。けれども、それでも他人にわかってほしい、自分という存在を認めてほしい、という気持ち。それは、消すことはできないでしょう。

よく「人事を尽くして天命を待つ」、つまり、精一杯努力して、あとは天にまかせると言われますが、悲しいかな、現実はどれだけ努力をしても、自分の思うような結果になるとは限りません。こんな天命だったら待たなければよかった、と思うことも多いです。

それに対して**「天命に安《やす》んじて人事を尽くす」**という言葉があります。これは明治時代の仏教者、清沢満之《きよざわまんし》の言葉で、お任せして大丈夫な存在がある、だから安心して精一杯努力できるという意味です。では、その「お任せして大丈夫な存在」とは何かと言うと、それは自分自身です。「自分自身に安んずる」、そう、そのままのあなたでいいのです。他人に求める前に、まず自分自身が自分という存在を肯定し、受け入れてみませんか。

たとえば、自分の嫌なところを書き出してみるのはどうでしょう。内面、外面、思いつくままに書き、そして、それらを一つずつ、肯定してみましょう。そうして、少しずつ自分を受け入れていく。意外と楽しいですよ。

人は人を自分の見たいようにしか見ない

◉結婚できないのが怖い

世間のモノサシでいのちを削らない

「あなたは可愛くもない、賢くもない、おまけに背も高い。取り柄は若さだけ。その若さがあるうちに結婚しなさい」。母が、20歳の私に言った言葉です。そして、お見合いが始まりました。25歳になると「唯一の取り柄だった若さもなくなったのだから、早く結婚しなさい」。28歳になると「何か恨みでもあるのですか。母を殺したいのですか」と言って泣き崩れる……。そんなストレスの中で私は聴覚を失い、29歳でアメリカに家出をしました。

母の名誉のために言いますが、母は心の底から娘の幸せを願ってくれていました。ただその幸せは、母個人の価値観と世間の目を多分に意識したものでした。それは、結婚できない恐怖というより、娘が結婚しないために社会に認められない恐怖だったのかもしれません。

そもそも**結婚は「できる」「できない」と、能力をはかる言葉で表すものではありません。**けれども悲しいかな、世間はそのモノサシで判断します。そして、「できない」と判断されると、自分の存在価値まで否定されたように思う。そう、当事者までが、そのモノサシで自分を判断するようになってしまうのです。そして、苦しむ。

仮に、結婚「できた」としましょう。次は子どもの有無、子どもの通う学校、夫の出世……と、延々と世間の目と比べ続け、少しでも優位に立とうと思うでしょう。周囲と比べ、見えないモノサシの目盛の差に一喜一憂し続けて、いただいたいのちを終えるのでしょうか。そうなのです。恐怖をつくり出しているのは、実は自分自身。自分で、自分を苦しめているのです。もちろん、生きている以上、社会の基準、世間のモノサシはあります。けれども、そのモノサシで自分をむち打つ必要はありません。

結婚を目指し、習い事、お化粧、洋服……未だ見ぬ、出会っていない対象に、自分をすり寄せていく。縁が整い出会ったとき、相手はあなたの何に惹かれるのでしょう。あなたの実体でしょうか？　それとも、つくり上げられた偶像でしょうか？　後者なら、本当の私を知ってほしいと、別の悩みで苦しむことになるのではないでしょうか。

他者と比べなくていい世界がある。そのことを心の隅に留めてくださると嬉しいです。

結婚は能力をはかるものではない

◉誰からも好かれたい

誰からも好かれる人の真実を知ろう

嫌われるより、好かれたい。悪口を言われるより、ほめられたい。これは人間の本心かもしれません。でも、誰からも好かれたいと思うのはなぜでしょう。

そもそも「好かれる人」とは、どのような人でしょうか。日常でもよく「いい人だね」という言葉を聞きますが、反面「いい人だと思っていたのに」という言葉も聞きます。こうした場合、きっと話し手にとって、不都合な何かが起こったのでしょう。

そう、自分にとって都合が悪ければ「悪い人」。都合が良ければ「いい人」なのです。そう考えると、**「好かれる人」＝「都合のいい人」**。そんな人に本当になりたいですか?

そもそも、好かれるのは結果で、目的ではありません。とは言っても嫌われるよりは好かれたい、人に良く思われたいのが人情。正直、私もそうです。けれども実は、それは自分がイメージする「良い」状態であって、他人からすれば「悪い」状態かもしれないのです。

良かれと思ってしたことがアダになることはよくあります。それは善意が悪いのではなく、その根本に「我」、つまり自分があるから。物事の良し悪しを判断しているのは「我」であり、それが正しいと思い込んでいる。山で遭難していても気づいていない状態（P149参照）です。

そしてこの場合、「好きな人」「嫌いな人」に、分け隔てています。人に対してだけではなく、私たちはあらゆるものを分け隔てて生きていますが、仕方のないこととはいえ、悲しい生き方ですよね。自分を棚に上げ、他人だけでなく、あらゆる物事を、自分の善悪の基準で判断し続ける生き方こそ、悪です。それは人間に根本的に備わった悪、そう言っていいかもしれません。人はそんな悪を抱えたままでしか、生きていられない悲しい存在なのです。でも、そんな存在でも、大事に思ってくれる人がいます。家族も友達も永遠ではありませんが、その束の間の儚い時間でも、大事に思ってくれる人がいるのです。

一度、誰からも嫌われるように努力してみてください。**誰からも好かれることが不可能なように、誰からも嫌われることも不可能です**。本当に些細なことなんですよ。

都合のいい人を目指すのはむなしいこと

小さな心から抜け出すワーク6

仏さまを祀って人生の道しるべにしよう

医王山高蔵寺
天野こうゆうさん
に聞きました!

仏さまで心を休める

　仏さまのほとんどは、お釈迦さまが説法なされている姿が基となっています。様々な人の状況に合わせたお話、それにともなう身ぶり手ぶりが形になりました。たとえば千手観音《せんじゅかんのん》さまには多くの手がありますが、これは母が子育ての際に手間を惜しまぬ姿です。こう解釈すると、グッと身近に感じられることでしょう。

　昨今は稀《まれ》にみる仏像ブームですが、やはり仏さまは造形や表情を楽しむだけではなく「祈りの象徴」、しっかり拝んで、心で観るための存在です。仏像鑑賞を「拝観」というくらいですからね。

　しかし「仏さまを家に祀る」となると〝仏＝死者の供養〟と捉える人も少なくありません。でも本当は少し違うのです。

　私たちは、洋服などはタンスへ、身体はベッドに休めます。それは、日々の役割からの解放であり、次に使う（動く）機会に万全を期すためです。

　それと同じように心を休めることを、仏教では帰依《きえ》といいます。その帰依する存在こそが仏さまなのです。

　生活の中で、安らぐお姿を拝んで、「すること・言うこと・思うこと」のアドバイスをいただく。そうすることで、小さな感謝と懺悔《ざんげ》がつみ上げられ、よりよい生活を送ることができるのです。

　仏さまには、阿弥陀《あみだ》さまやお地蔵さまなどそれぞれの役割に応じたお姿があります。最初は勇ましいものより、「如来」「菩薩」など、心休まるお姿が祀りやすいと思います。

　自分の一番休まる空間に仏さまを祀って、「生きる道しるべ」としてみましょう。そのお姿は時にやさしく、時に厳しく導いてくださることでしょう。

日々を見守る土ほとけ

『土ほとけ』はもともと寺子屋に通う子どもたちに合掌を教えるために作ったものです。合掌は蓮のつぼみをイメージしてふっくらするように教えるのですが、どうしてもピタッと手を合わせてしまうので、小さな仏さまを掌中に入れて「いつも見守ってくださっているよ」と指導したことがきっかけとなり誕生しました。

それからお寺の授与品（お土産）となり、皆さんの「作ってみたい」というお声に応えて書籍化されました。

『土ほとけ』は、仏壇に祀るものではなく、一輪挿しのお花のように生活空間にかざって、ハッとしたり、ホッとしたり……。日常の気づきになればという願いからかたちになりました。手作り感を大切に素朴な仏像として愛されています。

仏さまを作ってみよう！

本来の土ほとけは「オーブン陶土」を使いますが、手に入りやすい紙粘土でも作れます。ぜひ手作りの仏さまを祀ってみましょう！

用意するもの

- 紙粘土
- ヘラ
- ようじ
- 絵の具（黒・赤・白）
- 筆
- 印肉

作り方

❶ 親指を芯にして粘土を適量、盛りつけていきます。形が整ったら、指から外して全体をなじませてください。あとで絵の具で描き込むので、この時点であまり細部にこだわる必要はありません。

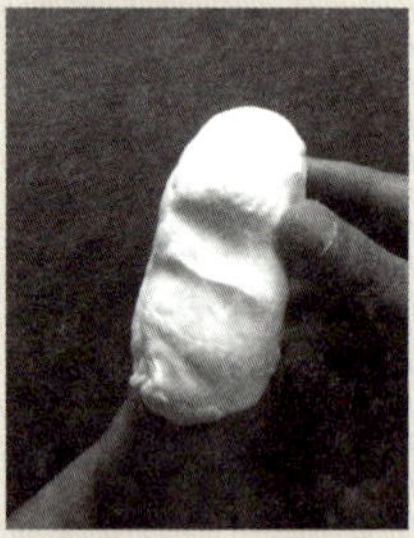

❷ ヘラでアタリをつけて、首からアゴの線を出し、顔の左右を、親指と人差し指でつまんで耳を作ります。左右の指で均等になるように。少し福耳にすると仏さまらしく柔和になります。

❸ ホッペのふくらみを考えながら鼻をつけ、額の中心にようじで小さな穴を開け、粘土を細くした棒を埋め込んで白毫（びゃくごう）を作ります。紙粘土を貼り合わせるときはたっぷりと水をつけてなじませるように。

❹ 充分に乾燥したら、黒絵の具で色を塗っていきます。身体は薄めにジャブジャブと筆を置く感じで。表情や細かな部分は濃い黒で丁寧に描きます。朱肉を指につけ、ホッペを入れたら完成です。

第6章

当たり前の毎日に感謝して生きる

星覚（雲水）

◉物欲は抑えられるか

食事作法で欲を抑える

物欲をなくしたら人は死んでしまいますが、自分も相手も幸せになるように適切に欲をコントロールする方法を仏道は伝えてきました。その代表的なものが四摂法《ししょうぼう》です。これは道元《どうげん》禅師が著した『正法眼蔵《しょうぼうげんぞう》』という書物の中の「菩提薩埵四摂法《ぼだいさったししょうぼう》」という巻にあるもので、特に私たちが日常生活を送るうえでも非常に参考になる4つの修行、すなわち**「布施《ふせ》・愛語《あいご》・利行《りぎょう》・同事《どうじ》」**について書かれています。

「布施」は、損得勘定《そんとくかんじょう》なくただ与えること。「愛語」は、どんな人に対してもその人を想ってやさしい言葉をかけること。「利行」は、自分より他人を利益《りやく》させる行動をすること。そして「同事」は、自分と他人を同じものとして周囲と調和して行動することです。これら4つの修行は自分独りで欲を抑えるのではなく、実生活で他人と関わることで、無理なく我欲を調整できるようになります。世界中どこでも通用する智慧《ちえ》ですが、具体的に身体と習慣で実践することが重要です。頭で考えて物欲を抑えようとしても、非常に難しいからです。

具体的に僕がおすすめするのは、**食事の時間を修行の時間にしてしまうこと**。必ず毎日数回欠かさず行う食事で物欲を抑える稽古をしておけば、やがて習慣となり、意識しなくても物欲に心乱されることがなくなります。なにより見て美しく、互いに気持ちがいいものです。

外食のときも、来客があっても、分け合って一緒に食べる。母が子にするように、おしみなくこれができれば立派な「布施」です。食前食後には身体と指、息をまっすぐにし、静かに合掌一礼しましょう。目の前の命に感謝して「いただきます」と声をかけるだけで、それは「愛語」です。手元においしそうな料理が並んでいる場合、まず相手に勧める。相手から手の届きにくい場所にあるものはとってあげる。グラスが空なら注いであげる。そんな行動は「利行」。空腹でも自分だけ先に食べ終えず、かといって遅すぎることなく、相手と調子を合わせながら最後まで一緒に食べることができれば、「同事」です。

このように四摂法から来る、具体的な作法を意識して習慣にしてみましょう。物欲を抑えようという気持ちがまったくなくなるくらい、欲にふりまわされることがなくなります。

四摂法で「適切な物欲」を身につけよう

◉少ないお金でも豊かに生きられるか

お金の多さと豊かさは比例しない

多くの人が抱えるお金の悩み。でも、**お金はあくまでも人生の脇役**です。世界中で広く使われ、いろいろなものと交換できるので錯覚しがちですが、お金は自然界には存在しません。生きていくのに「絶対必要」なものではないという認識をまず持ってみましょう。もし、あなたが少ないお金では豊かに暮らすことができないと考えるなら、それはお金に依存してしまっている可能性があります。本当はお金に頼らなくても豊かに暮らしていけるのです。

実は僕も最近まで、やっぱりお金がまわらないと世界はまわらないと考えていました。しかしベネズエラ出身の友人から、故郷の島国の人達の話を聞いてはっとしました。

「道ばたにオレンジやパパイアなどの果物が豊富にあるので誰も飢える人はいない。高級マンションもBMWも、iPhoneも持っていないけど、いつも皆、笑顔で暮らしている」

お金がないけれども、依存してもいない人達が実際、世界中にはたくさんいるのです。

まずはどれだけ自分がお金に依存しているかを認識し、それができたら、次はお金がなくても与える機会を増やすにはどうしたらいいか考えてみましょう。それには**見返りを求めずに、損得勘定のない行動を増やしていく**のです。お金が少なくてもいくらでも与えるものがある、という実感は豊かな生活につながります。

御布施《おふせ》がそのよい例です。御布施とはお金のことではありません（P86参照）。見返りなしに人に施すことで、執着の苦しみから離れる修行のひとつです。

お金がないと思うと、できるだけ出費を減らしてしまいがちですが、そうすると循環の輪がどんどん小さくなってしまいます。逆にお布施をすることで、どんどんお金以外の費やす量を増やしていくのです。そうすれば、たとえお金の循環が減っても不安は感じなくなります。それ以外の循環がますます増え、より豊かな暮らしになっていくのです。

たとえば、近所の人におすそわけをしたり、困ったことがあればただ助ける。みんなで使えるものは大事に共有する、昔から行われてきたことを大切に実践することで、お金のあるなしにかかわらず、本当に豊かな暮らし方ができるようになりますよ。

与えることで執着から離れよう

◉幸せはどこにある？

一瞬一瞬すべてに幸せはある

幸せとは何かと聞かれたら、「今生きていることが幸せ」すなわち、「**幸せとは何かと案じられること自体が幸せ**」と私は考えます。

「盲亀浮木《もうきふぼく》」という話があります。海の底に１００年に一度、浮かび上がる盲目の亀がいます。ある日、広い海の上を丸い穴が開いた一本の木板が流れていました。ちょうど亀が浮かび上がったときに、その穴の中に顔を出す、そんなことが起こりうるでしょうか？

「そんなことはありえない」と答えた弟子の一人に、「人間に生まれてくるというのはそれよりもさらにありえないことなんだよ」とブッダは諭したと言われています。

それほどの確率で生まれた自分の両親が偶然にも出会い、そして戦争も飢餓も難民になる心配もない（最近は怪しいですが）日本に産まれて今まで育ってこられたのにはそれなりの因果があると、仏教では考えます。そこにいわゆる「自分自身の努力」はどれだけ関係しているでしょうか。本当にちっぽけなものだと思いませんか？　自分の力ではどうにもならない、大きな力に支えられて、今この瞬間があるのだということが感じられると、人は自然に感謝と幸福感に包まれるものです。感謝の言葉を日本語で**「ありがとう」**と言いますが、これは「もともとあることが稀《まれ》である」という意味です。

日本にもう60年以上住んでいる大好きなアイルランド人の神父さんに「なぜあなたは日本に来たのですか？」と聞いたことがあります。彼の答えは「あなたに会うために来たのです」でした。まっすぐな瞳から本気でそう思っていることが伝わってきて涙が出ました。60年間、一期一会の出会いを有り難く想い、心から大切にしてきたからこそ響く本物の言葉に、私も「ありがとう」と自然に答えることができました。

実際に口に出して「ありがとう」と言ってみましょう（恥ずかしい場合は息にのせてささやいてみましょう）。どんなことがあってもありがたい、そう思える人間に生まれてきただけで幸せと、心から思えるようになってきます。忙しい毎日を送っていると、つい当たり前のことだと思って見過ごしてしまいますが、一瞬一瞬がそもそも幸せの種なのです。

「ありがとう」で幸せの種を増やそう

もっと評価されたい！

本当にやりたいことをやれば評価はついてくる

僕は小さい頃から人に評価されたい（特に女の子にモテたい）という想いが人一倍強い人間でした。いじめられるのが怖くて、評価されるために人一倍努力し、息が詰まる程がんばりました。思いつく限りのことをやりましたが、徒労感のわりに評価されたいという欲求はなくならず、おまけに全然モテませんでした（笑）。

しかし、大学を卒業して大きな挫折を経験し、評価してもらいたい欲求が自分自身ではなく、それを覆い隠すために着飾ってきたものに向かっていることに気づきました。上辺を着飾るために一生懸命着込めば着込むほど、自信のない本当の自分を覆い隠していくだけだったのです。

そこで、本当に評価されるにはどうしたらいいのか、もう一度真剣に考えました。身の回りで本当に評価されている人達のことを調べると、彼らは評価されたいとは思っていないようでした。そのかわり、自分が本当は何をしたいのか、追求しているように見えました。

評価されたい理由にじっくり向き合おう

本当にやりたいことをやっているときが一番評価される。それに気づいた瞬間から、人がどう感じるかよりも、自分がどう感じるかを問いかけることを大切にし始めました。

僕の場合、もっと評価されたいと感じる原因の多くは、幼少時の経験まで遡りました。振り返りたくない過去を見つめるのは難しく、時間もかかりましたが、その感情に腰を据えてじっくり向き合う時間を日常的に持つことにしました。すると自然に、今まで無理してやっていたことをしなくても平気になってきたのです。その代わり、本当にやりたいことには、より情熱的に取り組めるようになっていきました。

あなたがもし、もっと評価されたいと願うのなら、何を評価されたいのか、誰からそうしてほしいのか、それはなぜか、評価されてどうなりたいのか、とことん追求してみましょう。

本当の意味で評価をされるためには、まずは何を「やめるべきか」を感じて、執着していたことを手放してみてください。そして自分が魂の底から好きなこと、継続できることに、たっぷりと時間をかけて取り組んでみましょう。

◉のんびりすることは怠けている？

休むことこそ働くこと

周りの人が忙しくしていたりするときに休んだり、のんびりしていると、なんとなく罪悪感を覚えますね。でも、なぜそんな気持ちになるのでしょう。

「三年寝太郎」という民話をご存じでしょうか。貧しい村で寝てばかりいた怠け者の寝太郎が、ある日突然起き出し、誰も考えなかったようなアイディアで村を救うという物語です。寝太郎はただ怠けていたのではなく、批判を浴びながらも村を救うアイディアを真剣に考え続けていたのでした。

仮に寝太郎が、毎日みなと同じように日々の仕事に追われていたなら、おそらく村を救う深い智慧《ちえ》は浮かばず、思いついたとしてもそれを実行する体力・気力は残されていなかったでしょう。

休むことと働くことは、まるで正反対のことのように思われますが、どちらも同じように大切です。幼少の頃、知的障害があると言われていた天才科学者のアインシュタインは、**「問**

題を生み出した思考では、その問題は解決できない」と言ったそうですが、**休むからこそ大切な働きが生まれる**こともあるのです。

そうはいっても「みんな休んでいたら、世の中回らないじゃないか」と思う人もいるかもしれません。どうすれば世の中が回るようになるのかを真剣に考えている、そんなすてきな人こそ、たっぷり休んでみんなが驚くようなひらめきと行動力を発揮してほしいものです。

誰もがせわしなく働くこの時代、「のんびりしたい」と思うあなたは、本当に純粋で素敵な心の持ち主です。のんびりしたいと思ったときは、何億年も受け継がれてきたＤＮＡが、何かをあなたに訴えているときです。それは、生きることに深い次元で向き合う準備ができた兆しともいえるでしょう。その素晴らしい感性を共有できる人達との出会いを大切にして、しっかり休もうではありませんか。

おおいにのんびりし、本当に世の中がよくなるためにできることは何かを見極めて、そこに全力をつくしましょう。

休むからこそ真理が見えてくる

◉体重を気にして食事を楽しめない

食のありがたみに思いを馳せる

お腹は減っているのだけれども、太ることを気にして満腹になるまで食べられないという声をよく聞きます。しかし一方で、いくら食べても太らないという人もいます。本当に食べることが太る原因なのでしょうか。

身体は常に最適な状態になるように、いろいろな仕組みが働いています。太ることそのものは決して悪いことではありません。そこには必ず理由があり、身体は必要があってそうしてくれていると考えてみましょう。

身体の味方になり、今のありのままの状態をほめてみるのです。太る身体が嫌で食べることをやめるのは、イタズラする赤ちゃんが嫌で暗い部屋に閉じ込めるようなものです。まずは赤ちゃんと仲良くなって対話するように、身体の声に耳をすませて本当は何がしたいのかを聞いてみてください。その根本にある大切な原因に気づくチャンスになるはずです。

身体の声は、緊張していると聞こえません。自然の摂理に沿った日常生活を心がけ、緊張をためないようにしましょう。具体的には、早寝早起き。特に陽が沈んだら、固形物は一切口にしないようにするのがおすすめです。毎日鏡を見ながら、全身を動かして筋肉と骨の動きを観察するのもいいでしょう。具体的に身体の緊張を発見しリラックスさせられるようになってきます。

また、食事の前に「五観《ごかん》の偈《げ》」（P103参照）を唱えることもおすすめです。5つ全部唱えるのが難しい場合は、ひとつめの「一《ひとつ》には功の多少を計り、彼《か》の来処《らいしょ》を量る」だけでも心に念じて、静かに合掌します。目の前の食事がどこから来たのか、誰の手を経てどのように作られ、どうやって運ばれてきたのか、できるだけ詳しく丁寧に想像してみましょう。

すると不思議なことに、食事が身体に与えてくれる力が違ってきます。

食べ物のありがたさに気づくと、感謝を込めて大切に食べられるようになるので、少しの量でもお腹が一杯になりますし、自然に良質な食事に出会えるようになります。食べることと身体の関係が変わってきて、食事の時間が待ち遠しくなってきますよ。

身体の緊張をほぐして太らない身体になる

社会のレールからはずれたくない

人はみな「いのちのレール」に乗っている

「社会のレール」とは一体何でしょうか。学歴？　就職？　結婚？

なぜ社会のレールからはずれるのが怖いのでしょうか。地球規模に視野を広げてとことん考えてみましょう。社会のレールからはずれずに生きている人がこれほど多いのは日本くらいかもしれません。広い世界に目を向けると、様々な文化や生活をしている人がいて、千差万別の生き方をしています。それを知ったとき、今まで自分が社会のレールと思ってきたことは何だったんだろうと衝撃を受けました。

社会のレールが悪いと言っているわけではありません。それが必要なときもあるでしょう。でも、レールからはずれて生きている仲間達と交流していくうちに、世界中のどんなに変わった人達も、もっと大きなある共通したレールに乗っていることに気がつきました。

「いのちのレール」です。

それは地球の全ての生き物が何億年も乗ってきた大安心の道です。モノを食べたら消化する、怪我をしたら血が出る、暑ければ汗が出る。当たり前のように感じますが、頭で考えてそれをやっている人は誰一人いません。思考の及ばない大きなはたらきに運ばれて、みんなが安心して乗っているのが「いのちのレール」なのです。

人間は、社会のレールに乗っていないながらも、地球上のすべての生き物に共通した「いのちのレール」に乗っている。そのことを自覚して踏みはずさないようにすれば、心が乱されることはありません。

かくいう僕も、人一倍社会のレールからはずれるのが怖い性格です。就職もせずに仏道に入り、托鉢しながらドイツで生活することに「不安はないのか」とよく聞かれます。正直、不安です。そんなときは芸術に触れ、旅をして視野を広げることにしています。そうすれば「いのちのレール」に乗っている実感が湧いてきて安心して不安でいられるのです。

地球全体を意識して日々の生活を送れるようになれば、社会のレールからはずれる怖さは大きな安心によって、気にならなくなりますよ。

地球規模で世の中を見よう

◉いつも不幸だと思う

不幸も幸福も本当の幸せの種になる

イエス・キリストは**「心の貧しい人は幸せである」**と言いましたが、これはなぐさめで言っているのでしょうか？　なぜこんなことを言ったのでしょう。あなたはどういうときに幸せ、または不幸と感じますか？

僕は修行生活に入るまでは、幸せとは自分の外にあるもので、その「幸せの素《もと》」が私に幸せを味わわせてくれるものだとばかり思っていました。

しかし、寒い山寺の中で、極度の空腹の末に一杯のお粥をいただいたとき、今までに感じたことのない幸せを感じました。一滴も無駄にしないように、全身全霊を込めて匙ですくったお粥の輝き。それまで気づかなかったお粥の甘さや香り、温かさは、のど、内臓、心の奥底からしみじみと幸せを伝えてくれました。立派な料理があるから幸せなのではなく、それを心から食べたいと切望する自分がいて、その2つが合わさったときに初めて、本当の幸せというものが現れるのだと気づいたのです。

幸せは、為合《しあ》わせる（ものごとを互いにする）が語源で、もともと「巡り合わせの状況」を表す言葉だったといいます。僕も幸せになりたくてあらゆる努力をしましたが、なかなか幸せになりませんでした。それは「為合わせる」という本来の意味を理解せず、自分だけが幸せになりたいと思っていたからです。

しかし実際には、幸せになるのに、自分が幸せかどうかはどうでもよいことでした。必ず相手の状況があって、それと合わさってはじめて幸せが生まれる。このことに気づいてからは、不幸せだと思われるような状況でも、幸せになれるようになりました。

不幸せなことも、誰かと一緒なら「為合わせ（幸せ）」になるのです。いつも不幸せだと感じる人は、他人の不幸せにも繊細に共感できるはずですから、他人の不幸せを感じたら、幸せになってほしいと祈りながらそっと寄り添ってみてください。

そうやって幸せになっていく他人を見ていると、今自分が感じている不幸せは、「為合わせ（幸せ）の種」だと感じられるようになりますよ。

不幸も誰かと一緒なら幸せに変わる

◉成功しなければ幸せになれない?

真の「成功」であれば幸せになれる

成功したい、とは誰もが思いますね。でも、そもそも成功とは何でしょうか?

僕は仏道を学ぶまで、成功とは人から評価され、高い給料をもらって、贅沢に暮らすことだと考えていました。でも、それは他人の言う成功で、自分が満足するものではありませんでした。

あるときそんな暮らしをしていても不幸せそうな人がたくさんいることを知り、不思議に思いました。成功とは何だろうと考えさせられたのです。

そこで一度、成功を追い求めることをいっさいやめました。そうすると本当に成すべきことがはっきりと見えてきたのです。

世界には社会的、経済的成功がなくても幸せな人がたくさんいます。そういう人達は、心から満足して生活しているので他人に見せる必要がなく、目立ちません。**幸せになるには「何を成すべきか」よりも「何を成すべきでないか」**ということを、はっきり知っているのです。

今この瞬間、あなたにとっての成功とは何ですか？

人生が終わる瞬間、あなたにとっての成功とは何ですか？

頭で考えようとしてもなかなか難しいですね。そんなときは引き算をしてみましょう。

引き算とはすなわち「明《あき》らめる」ことです。世間の目を気にしすぎていないか、今やっていることは本当に相手も自分も心から喜ぶことなのか。**他の誰かが成功だと思い込んでいたものをどんどん手放して、明らめていきましょう。**

そんなことをしたら、成功への情熱がなくなってしまうと不安に思うかもしれません。でも、安心してください。その程度で断念するような成功は、他人が考えた成功であって、あなたを本当に幸せにする成功ではありません。

引き算をしていくと、「これだけは譲れない」というものが必ず見つかります。情熱を持ってそれを成し遂げることが、あなたにしかできない、あなただけの成功になるでしょう。

あなたもぜひ、本当の意味で成功して、幸せになってください。

「何を成すべきでないか」を明らかにしよう

◉身近な幸せを感じる方法

「生きる」ことの根本に目を向ける

あなたはどんなときに幸せだと感じますか?

日本では幸せとされていても、外国ではそうでないこともあります。また流行のように一時期だけもてはやされる幸せもあれば、時間や空間を越えて歴史の中で大切に伝承されている幸せもあります。たとえば、僕が今住んでいるベルリンでは、新しいものにすぐに飛びつくことは軽薄で、携帯電話、パソコン、車や家なども、古いものを大事にできるほうが幸せだという雰囲気があります。

これをすれば必ず幸せになる、という特定の方法はありません。しかし生活そのものをできるだけ簡素にすることで、身近な幸せを感じやすくすることはできます。

僕の場合、幸せと感じるものがここ数年で随分変わってきました。

たとえば学生時代は、買い物をしても、おいしいものを食べても、一時的な幸せはあるのですが、一方では常に満たされないさびしさを感じていました。幸せを必死で追っていたのに、幸せではなかったのです。

ところが必要最小限のモノだけでシンプルな暮らしをしていると、それまでなんとも思っていなかったことが嬉しくて仕方がなくなったのです。

食事や仲間との会話はもちろん、たとえば雨が降ること、晴れた日に外を歩くこと、朝が来ることまでが愉しくなってきて、ある寒い冬の日に「春の足音」が聞こえてきたときは、嬉しくて踊りだしそうになるほど幸せでした。

その間、幸せを感じようと意識したことは一度もありませんでした。

食べる、歩く、寝る、坐る……。こうした**日常生活の中の身近な行動に興味を持ち、丁寧に実践する簡素な暮らしをしていただけ**です。それだけで、ものが少なくても、社会的成功がなくても、不幸せなときでさえ、幸せを感じることができるようになったのです。

本当の意味での幸せと、物質的豊かさは無関係である。日常生活の基本に立ち返った美しく簡素な生活をすることで、そのことを心から実感することができます。

生活を簡素にすると本当の豊かさが見えてくる

◉当たり前の日常への感謝のしかた

5つの習慣を実践しよう

お寺での修行生活は厳しい、大変とよくいわれますが、当たり前の日常への感謝にあふれた、本当はとても愉しいところなのです。それに比べると現代の娑婆《しゃば》の生活のほうがよほど厳しい修行道場です。頭でわかっていてもなかなか感謝できる環境ではありませんが、厳しい娑婆の日常でも感謝して過ごすために次の5つの習慣を実践してみてください。

①早起きをする……トイレ、洗面等その後の行動の順番を詳しく決めておく

②祈りを込めて食事をいただく……食前食後には必ず身体をまっすぐにして合掌する

③掃除をする……順番を決めてほうきで掃き、固く絞った雑巾で水拭きをする

④ただ、何もしない時間をとる……姿勢を整え文字や言葉を一切扱わない機会をつくる

⑤陽が沈んだら寝る……食事は控え目に、身の回りの品を元の場所に戻す

朝は、できれば日の出前に起きましょう。まだ暗く、モノクロの部屋が朝陽によって彩られる様子を見ているだけで宇宙への感謝が溢れてきます。また、「五観《ごかん》の偈《げ》」を唱えて食事

を丁寧に残さず食べましょう。食器を扱う際もできるだけ音をたてないようにしましょう。出来る限り他の誰かと食卓を囲み、一緒に分け合って食事をする工夫をしてみてください。キレイ、汚いにかかわらず毎日掃除をしましょう。忙しい時は、一番大切にしている場所を雑巾でさっと一拭きするだけでもいいのです。毎日続けることで生活が変わってきます。

1日の中で、何もしない時間をとりましょう。どうしても何かをせずにはいられないという人は坐禅に挑戦してみるのもおススメです。そして、陽が沈んだら寝る支度を始めましょう。頭や身体は勿論、食事も固形物をできるだけとらないようにして内臓も寝かせてあげます。部屋の電気製品のスイッチを切って、人間以外のモノも休ませてあげるといいでしょう。

まずは右に挙げた5つの習慣をできるだけ実践してみてください。勿論簡単なことではありません。すぐにはできないかもしれませんが、意識して続けていくと、日々の感謝が自然に湧いてきて、そのうちに5つの習慣が自然に実践できるような縁が巡ってきます。そのとき、当たり前の日常にも心から感謝することができるようになっているはずです。

日々の生活と自分を大切に扱おう

心に響く仏教の言葉

お経はもちろん、仏教と共に生きてきた人の言葉には、生きていくための智慧が詰まっています。日々の糧にしてみてはいかがでしょう。

いのちはすべての財《たから》の
中でも一番の財である

（日蓮『事理供養御書』）

生まれるのも一人、
死ぬあのも一人である。
だから、人と暮らしていても一人だ。
なぜなら死ぬときまで
添い遂げることのできる人は
いないからである

（一遍『一遍上人語録』）

この一日を生きている
いのちというものは、
このうえなく尊い
いのちであり、身体である

（道元『正法眼蔵』）

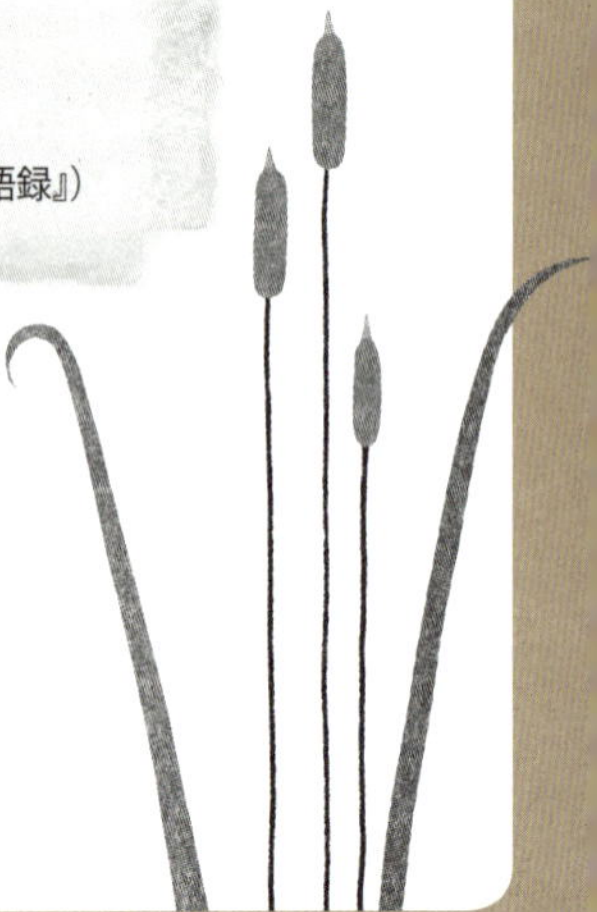

吉凶は人によるもので、
暦によるものではない

（吉田兼好『徒然草』）

真に己を守る賢者は、
その身をつつしみ、
その言葉をつつしみ、
その思いをつつしむ

（『法句経』234）

心得たと思えば心得ておらず、
心得ないと思うと心得ているものだ

（蓮如『御一代記聞書』）

善いことには率先して取り組み、
悪いことには心を守らなくてはいけない

（『法句経』116）

恥じてはならぬことを恥じ、
恥じなければならぬことを
恥じないような、
邪な思いを持っている人々は
地獄へ行く

（『法句経』316）

生きとし生けるものに
慈愛の心がない者は、
賤《いや》しい人間である

（『賤民経』）

愚かな人間は、
私腹を肥やして損をする

（『雑宝蔵経』）

勝とうと思ってうつのではなく、
負けないようにうつべきである

（吉田兼好『徒然草』）

自分に勝っているのを見て、
嫉妬しない。
自分が他に勝っているからといって、
傲慢にならない

（『優婆塞戒経』）

異体同心であれば
万事はうまくいくが、
同体異心であったら
どんなことも叶わないだろう

（日蓮『異体同心事』）

心の中の憤りをなくし、
憤りを表情に出さぬようにし、
他の人が自分と異なったことをしても
怒ってはならない。
人それぞれに考えがあり、
それぞれに自分がこれだと思うことがある

（聖徳太子『十七条憲法』第十条）

おわりに

彼岸寺の説法はいかがでしたか？

巻頭ではどちらかといえば仏教の「厳しい顔」を強調しましたが、仏教にはもうひとつ、「温かい顔」があるということを、説法から感じていただけたら嬉しいです。

仏教の歴史はまさに、わたしたちがこの土地で生きてきた歴史。それぞれの時代に合わせて変化してきた仏教に、わたしたちの歴史そのものをみることができます。また仏教から、わたしたちの祖先が時代に流されることなく大切に受け継いできた文化や伝統と、それを次の世代に守り伝えていくための方法論を学ぶこともできるでしょう。帰るべきこころのふるさととしての「温かい顔」が、仏教にはあります。巻末には、そんな仏教の温かみを感じていただけるお経を選びました。

温かくも厳しい、厳しくも温かい、仏の教え。この両方を備えていることが、仏教の持つ大きな魅力ではないでしょうか。そしてそれは、日本人の精神性の基盤ともなってきたように思います。次ページでご紹介するお経にもあるように、仏の国は「休息のところではあるが、安逸のところではない」のです。この世にいのちがある限り、仏の仕事が終わることはなく、人々を目覚めへと導くために働き続けなくてはなりません。

さて、これまで先人たちが働き続けてくれたおかげで、仏教は時代によって柔軟にかたちを変えながら、暖かくも厳しく、厳しくも暖かく、わたしたちのこころを豊かに育んできました。ここ数十年の間、ひたすら経済の成長を追い求めてこころを疎かにしてきた日本も、ここへ来て大きな転機を迎え、再び仏教の役割が見直されています。多くの方からお寺への期待が寄せられ、それに応える責任も感じています。

彼岸寺は、人びとの「お寺の未来」への想いが詰まった、みんなのお寺プロジェクト。こりかたまった仏教が、今に生きる仏教へと生まれ変わる場です。

彼岸寺を通じて世界中のみなさんに、すてきなご縁を結んでいただければ、私たちもとてもうれしいです。これからも仏の仕事をしていきますので、ぜひみなさん、応援よろしくお願いします。

虚空山　彼岸寺

仏は彼岸に立って待っている。彼岸はさとりの世界であって、
永久に、貪《むさぼ》りと瞋《いか》りと愚かさと苦しみと悩みとのない国である。
そこには智慧の光だけが輝き、慈悲の雨だけが、しとしとと潤している。

この世にあって、悩む者、苦しむ者、悲しむ者、
または、教えの宣布に疲れた者が、
ことごとく入って憩い休らうところの国である。

この国は、光の尽きることのない、命の終わることのない、
ふたたび迷いに帰ることのない仏の国である。

まことにこの国は、さとりの楽しみが満ちみち、
花の光は智慧をたたえ、鳥のさえずりも教えを説く国である。
まことにすべての人びとが最後に帰ってゆくべきところである。

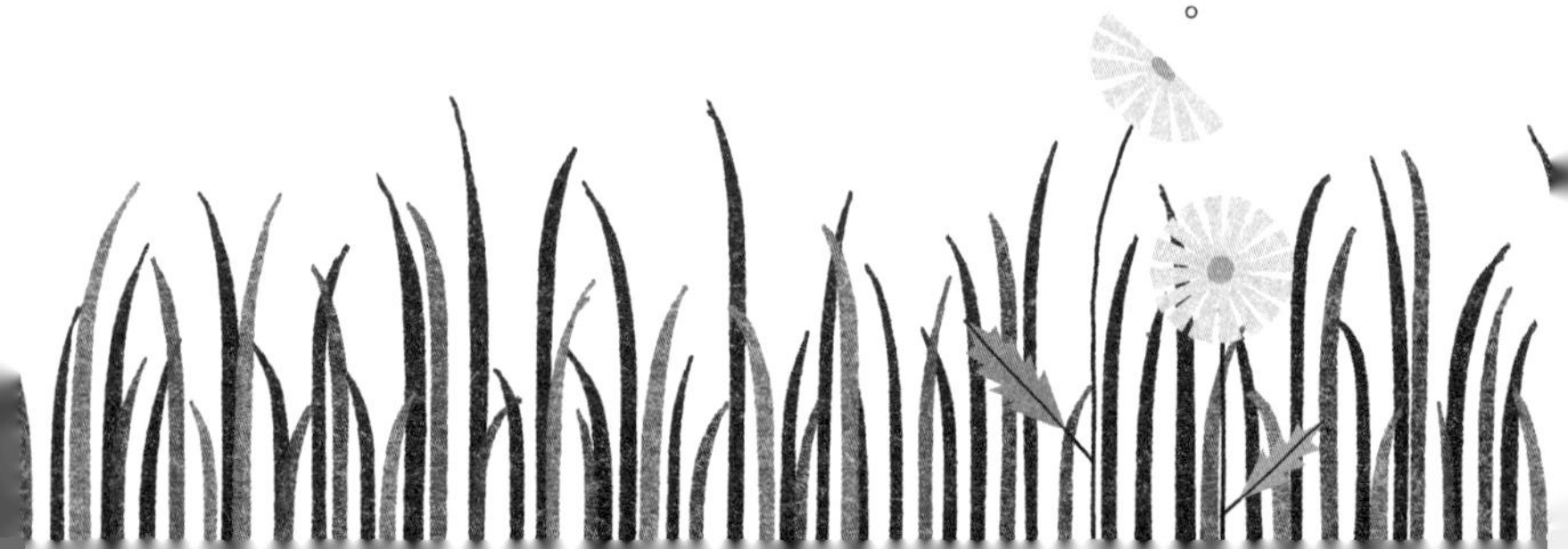

しかし、この国は休息のところではあるが、安逸のところではない。
その花の台は、いたずらに安楽に眠る場所ではない。真に働く力を得て、
それをたくわえておくところの場所である。

仏《ほとけ》の仕事は、永遠に終わることを知らない。
人のある限り、生物の続く限り、
また、それぞれの生物の心がそれぞれの世界を作り出している限り、
そのやむときはついにない。

いま仏の力によって彼岸の浄土に入った仏の子らは、
再びそれぞれ縁ある世界に帰って、仏の仕事に参加する。

（『和英対照仏教聖典』大般涅槃経　無量寿経より）

参考文献

『ブッダの真理のことば・感興のことば』（中村元　訳／岩波書店）

『和英対照仏教聖典』（仏教伝道協会）

『浄土真宗聖典（註釈版）』
（浄土真宗教学伝道研究センター編／本願寺出版社）

『真宗佛光寺派　平成　勤行聖典』（真宗佛光寺派　本山佛光寺）

『真宗聖典』（真宗大谷派宗務所出版部）

『お坊さんが教える　こころが整う掃除の本』
（松本圭介／ディスカヴァー・トゥエンティワン）

『身体と心が美しくなる禅の作法』（星覚／主婦の友社）

『法句経』（友松圓諦／講談社）

『心を支える　仏教名言365日』（松涛弘道／日本文芸社）

『仏教の名言100』（綾瀬凛太郎／学研パブリッシング）

虚空山　彼岸寺（こくうざん　ひがんじ）

僧俗にかかわらず仏教に惹かれる人たちが宗派を超えて、新しい時代の仏教について考え、行動するインターネット上のお寺。年間数百万を超えるアクセスを集め、若者を中心に仏教系の人気サイトとして注目されている。2003年、個人ブログから始まり、2004年サイトとして正式に誕生。その後、お寺カフェ「神谷町オープンテラス」や「暗闇ごはん」など、実際のお寺を舞台としたユニークな企画を多数展開し、近年では、スマートフォン向け坐禅アプリ「雲堂」もプロデュース。メンバーは様々な講演やテレビ出演など、活動の場を広げ、凝り固まった仏教をときほぐし、今に生きる仏教を日々模索している。
彼岸寺としての主な著書に『お坊さんはなぜ夜お寺を抜け出すのか』（現代書館）、『和綴じで綴じる写経入門』（主婦の友社）など。
公式サイト　http://www.higan.net/
公式ツイッター　https://twitter.com/higan_ji

本文デザイン ……… 新田由起子、川野有佐（ムーブ）
本文イラスト ……… 武政諒
ワークイラスト …… 福々ちえ
P6〜15イラスト ‥ 市角壮玄（hoxaigraphics）
写真提供 ……………… 岡本凛（P6）、杉本恭子（P10 〜 11）
校正 …………………… くすのき舎
編集協力 ……………… 大西華子
編集担当 ……………… 遠藤英理子（永岡書店）

小さな心から抜け出す
お坊さんの1日1分説法

著者 ………………… 彼岸寺
発行者 ……………… 永岡修一
発行所 ……………… 株式会社永岡書店
〒176-8518　東京都練馬区豊玉上1-7-14
電話　03（3992）5155（代表）
03（3992）7191（編集）
組版 ………………… センターメディア
印刷 ………………… 横山印刷
製本 ………………… ヤマナカ製本

ISBN　978-4-522-43171-9 C2076
落丁本、乱丁本はお取り替えいたします。②